EDOUARD DE LAPLANE.

# MÉMORIAL

## DE PARIS

## ET

## DE SES ENVIRONS

Nouvelle Edition.

Considérablement augmentée

### SECONDE PARTIE.

à Paris 1749.

Chez BAUCHE, fils, Quay des Augustins, à S.te Geneviève.

Avec Privilége du Roy.

CARTE DE FRANCE
divisée par Généralités
Dressée
sur les Observations
de M.rs de l'Académie
R.le des Sciences
LA MANCHE ou LE CANAL
PARTIE D'ESPAGNE
MER MEDITERRANÉE
CORSE

27
28
Marpurg
Fuld.
Fort
Hanau
Wirtzbourg
Mein R.
Darmstat
Wertheim
60

# DISSERTATION
## SUR L'ORIGINE
### DES
# FRANÇOIS,

*Où l'on examine s'ils descendent des Tectosages ou anciens Gaulois établis dans la Germanie.*

'OPINION qui donne aux François une origine Gauloise, est aussi moderne, qu'elle paroît hazardée. Les premiers qui l'ont embrassée ou insinuée, sont les deux Jurisconsultes Connan (a) & Bodin (b), qui, ainsi que Genebrard (c) & quelques autres, ne

(a) L. 2. Comment. jur. civ. c. 9.
(b) Meth. pour l'Histoire
(c) L. 2 Chronolog. ad A. v. 70.

*II. Partie.*

l'ont traitée qu'en paſſant dans leurs écrits faits au ſeiziéme ſiécle. Mais depuis ce tems là Trivorius (a) autre Juriſconſulte, Audigier (b) , & les Peres Lacary (c) & Tournemine (d) Jéſuites, l'ont défendue dans de ſçavantes Diſſertations capables de l'accréditer. Ce ſyſtéme eſt trop glorieux à la Nation, pour que je n'aye pas ſouhaité de le trouver vrai : mes recherches m'ont preſque, malgré moi, convaincus du contraire.

Comme le Pere Tournemine a écrit le dernier ſur cette matiere dans ſes Réflexions inferées dans les Mémoires de Trévoux du mois de Janvier de l'année 1716. & qu'il a raſſemblé & mis dans un nouveau jour avec ſa préciſion ordinaire, tout ce que ceux qui l'ont précédé, ont écrit de plus fort là-deſſus : je m'attacherai principalement à réfuter les raiſons & les preuves qu'il a apportées ; comptant que ſi je puis venir à bout de détruire tout ſon raiſonnement & toutes ſes preuves, les argumens des autres tomberont auſſi-

(a) Obſerv. apolog.  (b) Orig. des François
(c) Hiſt. colon. Gallor.
(d) Mem. de Trev. Janvier 1716.

tôt, & n'auront plus de force.

Un Ouvrage de M. de Leibnitz fut l'occasion de la Dissertation que j'ai entrepris d'examiner : elle a deux parties. Dans la premiere, le Pere Tournemine prétend faire voir contre ce sçavant Allemand, que les François ne sont point originaires du Holstein, de la Poméranie & des côtes de la mer Baltique. Je n'entreprens pas d'examiner cette partie de sa Dissertation. Je me borne à faire voir contre ce Jésuite, que l'origine Gauloise des François, qui lui paroît démontrée, doit être mise au rang des choses obscures ou incertaines, sur lesquelles les Anciens ne nous ont rien laissé de précis.

Pour entrer en matiere, examinons d'abord le principe du Pere Tournemine. *Les François*, dit-il ( *a* ), *sont sortis du Pays que les Gaulois ont occupé, sans en avoir été chassés depuis qu'ils l'eurent envahi; les François sont donc originairement Gaulois. Il est constant*, continue-t'il, *& personne ne l'a contredit, que les François sont sortis des Pays situés entre l'Elbe, le Veser, le Rhin, le Mein & la forêt Hercynie,*

( *a* ) Mem. p. 16.

*du Pays où Cesar, livre vj. de la guerre des Gaules, place les Gaulois Tectosa-ges, dont il louë l'équité, &c.* Il faut avouer que ce raisonnement paroîtroit *convaincant*, si les faits qu'il contient, étoient aussi certains que l'assure le Pere Tournemine : mais ce sçavant Jésuite ne prend pas garde qu'il met en preuve ce qui est en question : sçavoir, si les François sont sortis du Pays occupé anciennement par les Tectosages. On ac-cordera, s'il veut, que les François sont sortis des Pays situés entre l'Elbe, le Veser, &c. Mais quelle preuve don-ne-t'il que les Tectosages dont parle César, habiterent le même Pays ? au-cune. Et certes il auroit bien de la pei-ne d'en donner ; car aucun Ancien ne nous dit en quel endroit de la Germanie les Tectosages fixerent leur demeure.

César, il est vrai, raconte que *les Volces Tectosages avoient envahis un Pays très-fertile de la Germanie, aux environs de la forêt Hercynie, & qu'ils s'y maintenoient encore de son temps dans une grande réputation d'équité & de valeur.* Mais c'est tout ce que César dit de la situation de ce peuple. En est-ce assez pour le placer dans le Pays des

François ? S'enfuit-il de-là, comme en conclud le Pere Tournemine , que les Tectosages occuperent les Pays situés entre l'Elbe, le Veser, le Rhin , le Mein & la forêt Hercynie ? Je n'en vois pas la conséquence : sçachant sur-tout, après cet Historien qui nous l'apprend au même endroit , *que la forêt Hercynie étoit d'une étenduë immense, qu'elle avoit neuf journées de largeur, qu'elle s'étendoit selon le cours du Danube jusqu'aux frontieres de la Dace ; qu'ensuite elle remontoit à gauche, & que personne encore n'en avoit pû trouver la fin après soixante journées de marche.* Que les Tectosages se soient établis auprès de la forêt Hercynie, on n'en peut disconvenir après César; mais qu'ils se soient fixés du côté que cette forêt répondoit précisément à l'Elbe, au Veser, au Rhin & au Mein, plûtôt qu'à quelqu'un des côtés opposés , ou aux extrémités Orientales de la même forêt ; c'est ce que César ne dit pas, & ce que le Pere Tournemine ne sçauroit prouver.

J'avouë pourtant qu'il étoit plus naturel que les Tectosages s'établissent auprès de la forêt Hercynie, & choi-

fiſſent l'endroit qui les approchoit davantage des Gaules. Mais dans cette
ſuppoſition-là même, ne pouvoient ils
pas ſe placer du côté du Neckre, comme l'ont crû Rhénanus & Munſter; ou
dans le Wirtemberg, la Souabe & le
Palatinat?

D'ailleurs, quand les Tectoſages ſe
ſeroient placés dans le Pays des François, peut-on aſſurer qu'ils l'occupoient
tout entier, & que l'étenduë qui eſt
entre l'Elbe, le Veſer, le Rhin, le
Mein & la forêt Hercynie n'eſt pas aſſez grande pour contenir à la fois pluſieurs Peuples, dont les uns Germains
ou Teutons d'origine, auroient donné
la naiſſance aux François? Ne voit-on
pas dans les Gaules & ailleurs, du
temps de Céſar, & dans les ſiécles ſuivans, des Peuples différens occuper à
la fois un beaucoup moindre eſpace?

Mais bien loin qu'il ſoit probable
que les Tectoſages aient pris leurs demeures dans les Pays anciennement ha-
bités par les François, puiſqu'il s'agit
de vraiſemblance, il y en a infiniment
davantage de les placer depuis les ſources de la Viſtule, juſqu'au Danube vers
Preſbourg en Hongrie, & les frontie-

res de la Pannonie. Tous les textes des Auteurs qui nous parlent de la transmigration de ces Peuples, nous le perfuadent : & c'eſt l'unique moyen de les concilier. Céſar n'y eſt pas contraire, puiſque ce Pays étoit dans la Germanie & aux environs de la forêt Hercynie, qui s'étendoit juſques-là & encore plus loin. L'autorité de Juſtin ne peut s'adopter qu'à cette ſituation, puiſqué, ſelon lui, les Gaulois qui conquirent l'Aſie, ( c'étoient les Tectoſages ) avoient pénétré auparavant juſques dans l'Illyrie & la Pannonie, d'où ils firent la guerre à leurs voiſins pendant fort long-temps : guerre que ces Gaulois firent dans la Thrace, dans la Grece & dans l'Aſie, ainſi que nous l'apprennent les anciens Hiſtoriens : & où ils pouvoient la porter plus aiſément des frontieres de la Germanie & de la Pannonie, que des bords de l'Elbe & du Veſer. Enfin Plutarque nous aſſure, parlant de cette tranſmigration, que les Gaulois après avoir paſſé les monts Riphées, s'étoient emparés du Pays juſqu'aux côtes de l'Océan Septentrional, & s'étoient étendus juſqu'aux extremités de l'Europe. D'où il paroît

a iiij

qu'il eſt bien plus naturel & plus probable de placer les habitations des Tectoſages dans la Germanie, vers le Danube & les frontieres de la Pannonie, qu'auprès du Rhin & du Mein.

A cela j'ajoûterai l'autorité de Tacite. Cet Hiſtorien (a), qui a fait avec tant de ſoin le détail & l'énumération de tous les Peuples de la Germanie, ne nomme pas ſeulement les Tectoſages, peuple ſi célebre cent ans auparavant du temps de Céſar. Le Pere Lacarry en eſt ſurpris avec raiſon ; & c'eſt ce qui lui donne occaſion d'aller chercher les Tectoſages ſous un autre nom dans le même Pays des Germains. Son ſyſtême les lui fait trouver parmi les Cattes, nation Françoiſe : mais il ne prend pas garde que Tacite, qui dans ſon Livre des Mœurs des Peuples de la Germanie, a pris à tâche de découvrir l'origine de tous ceux qui en avoient une Gauloiſe, ne dit pas un mot, qui puiſſe faire ſoupçonner que les Cattes deſcendiſſent des Tectoſages ou des Gaulois ; ce qu'il n'auroit pas manqué de faire, ſi ces deux nations avoient été confonduës en un même Peuple.

(a) De mot. German.

Eh ! comment Tacite auroit-il pû igno-
rer , lui qui étoit si bien instruit sur
les Peuples de la Germanie, que les
Tectosages avoient donné l'origine aux
Cattes , dont il parle peu de lignes
après , & dont il fait l'éloge ? Si cet
Historien le sçavoit , d'où vient que
parlant de tous les peuples Germains ;
qui avoient une origine Gauloise , il ne
dit rien de celle des Cattes ? c'est que
ces Peuples ne descendoient pas des
Gaulois. Cellarius le démontre , en faisant voir que les Cattes sont les mêmes
que ces Sueves , que César & Strabon
placent auprès du Rhin , & par consé-
quent très-différens des Tectosages &
des autres Gaulois de la Germanie. On
doit en dire de même des Bataves &
des Mattiaques , autres peuples François , Colonies des Cattes.

Mais , dira-t'on peut-être , si Tacite
ne dit rien des Tectosages, c'est que
de son temps ils n'habitoient plus la
Germanie, qu'ils pouvoient avoir aban-
donnée à l'exemple des Helvetiens &
des Boïens, pour aller chercher ailleurs
de nouvelles demeures. Les Peres Lacarry & Tournemine n'en conviendront
point. Et en effet , Tacite ne nomme-

t'il pas ces mêmes Helvetiens, & ces mêmes Boïens, quoiqu'ils n'habitaſſent plus la Germanie, parce qu'ils l'avoient autrefois habitée ? Il falloit donc que les Tectoſages euſſent changé de nom du temps de Tacite : & j'en conviendrai avec les Défenſeurs de l'opinion que j'attaque ; mais je n'irai pas les chercher chez les Cattes, nation Germanique : ce ſera plûtôt chez les Gothins, peuple Gaulois ſitué ſelon Tacite, *le long du Danube*, ou un peu au-deſſus, *au-delà des Quades, dont la langue Gauloiſe qu'ils parloient encore*, à l'exemple de leurs compatriotes d'Aſie dont je parlerai dans la ſuite, *prouvoit l'origine, & qui habitoient la plûpart ou les forêts, ou les collines*. Ce ſont ces Gothins que Cellarius place avec raiſon, ſur l'autorité de Tacite, depuis les ſources de la Viſtule, juſques vers Preſbourg en Hongrie, ſur les frontieres de la Pannonie, qui étoit de l'autre côté du Danube; c'eſt-à-dire, au même endroit, où j'ai déja dit que je croyois que les Tectoſages de la Germanie avoient fixé leur demeure.

La ſituation des Scordiſques qui n'étoient pas fort éloignés des Gothins,

confirme mes conjectures. On sçait que
les premiers étoient du nombre de ces
Gaulois Tectosages, qui furent de l'expédition de Brennus dans la Macédoine
& dans la Grece ; qu'après la défaite de
ce Capitaine devant Delphes , ayant
suivi une partie de leurs compatriotes,
qui prirent la route de la Thrace, ils
s'en séparerent pour reprendre le chemin de leurs anciennes demeures ; qu'é-
tant arrivés au confluent de la Save &
du Danube dans la Pannonie , une partie se fixa entre ces deux rivieres, sous
le nom de Scordisques , aux environs
du même Pays qu'eux-mêmes, ou d'autres de leurs compatriotes , avoient ha-
bité auparavant sous le même nom ; que
ces Scordisques ou Tectosages de là
Pannonie , firent ensuite diverses excursions dans la Thrace, dans la Macédoine
& ailleurs ; qu'ils s'étendirent des deux
côtés du Danube dans la Germanie &
dans la Pannonie, & qu'en 578. de
Rome , ils étoient voisins des Bastar-
nes, qui demeurant de l'autre côté de
la même riviere , sur les frontieres de
la Sarmatie & de la Dace, n'étoient
pas non plus fort éloignés des Gothins ;
& que ces Scordisques ayant souvent

donné de l'exercice aux Romains, le
Conful M. Drufus en 642. de Rome,
les obligea de fe contenir dans leurs li-
mites au-delà du Danube; qu'enfin ces
Peuples continuerent leurs courfes à la
droite de cette riviere, jufqu'à ce que
l'Empereur Tibere les foumit avec le
refte des Pannoniens. D'où on voit que
les Gothins & les Scordifques étant
tous Gaulois d'origine, ayant leurs demeures affez voifines les unes des autres, habitant les uns & les autres dans
les bois & fur les montagnes, ces derniers étant Tectofages, il eft très-vrai-
femblable que les premiers l'étoient
auffi.

Telle eft donc vraifemblablement
l'hiftoire de la Tranfmigration des Tectofages des Gaules. Ces Peuples fous
Sigovefe, ou fous d'autres Capitaines,
( car on n'a aucune certitude de l'époque précife de leur Tranfmigration )
pafferent le Rhin, & s'établirent au-
delà des monts Sudetes ou Riphées, en
s'étendant des deux côtés du Danube.

Ceux qui occupoient la rive gauche
de ce fleuve, c'eft-à-dire, l'Autriche,
la Moravie, la Hongrie & la Siléfie;
étoient fitués aux environs de la forêt

Hercynie, qui s'étendoit de ce côté-là. Ce sont les Tectosages de César, & les Cothins de Tacite, qui se fixerent dans leurs demeures.

L'histoire des autres est beaucoup plus connuë. On sçait qu'après avoir séjourné long-temps dans la Pannonie & l'Illyrie, ils se partagerent en divers corps : les uns sous Leonorius & Lutarius fonderent l'Empire des Gaulois d'Asie : les autres sous le Général Commontorius, s'étendirent dans la Thrace, y fonderent un Empire, & rendirent tributaire la Ville de Bysance. Une partie de ces mêmes Gaulois, s'étant depuis séparés des autres, reprirent sous les ordres de Bathanatus, le chemin de leurs anciennes demeures dans la Pannonie ; de ces derniers, les uns s'arrêterent au confluent de la Save & du Danube sous le nom de *Scordisques* ; les autres prirent le chemin de Toulouse dans les Gaules leur ancienne patrie, où les richesses qu'ils apporterent de leurs différentes excursions, donnerent l'origine à ce fatal trésor, connu sous le nom d'*Or de Toulouse*.

Du reste, quelque vraisemblables

que puiſſent paroître les conjectures
que je viens de propoſer touchant la ſituation des Tectoſages dans la Germanie, je les donne pour ce qu'elles va-
lent. Je n'ai garde de vouloir les faire
paſſer pour des *raiſonnemens convain-
cans*; quoique je ſois peut-être mieux
fondé que ceux qui placent les mêmes
Tectoſages auprès du Rhin, du Mein,
de l'Elbe & du Veſer.

Il eſt vrai que, ſi nous croyons le
dernier Défenſeur (a) de l'origine Gauloiſe des François, *nous apprenons de
Céſar, de Tacite & de Tite-Live, que les
Gaulois, pour décharger le Pays de la
trop grande multitude d'habitans, firent
partir deux nombreuſes Colonies; l'une
ſous Belloveſe, marcha vers l'Italie;
l'autre ſous Sigoveſe paſſa le Rhin, &
ſe diviſa en trois grands Etats : les
Boyens occuperent la Bohême; les Helvétiens le Pays où ſont les Suiſſes, les
Tectoſages, la contrée que M. de Leibnitz appelle la ſeconde demeure des
François*, (c'eſt-à-dire, les Pays ren-
fermés entre l'Elbe, le Veſer, &c. )
Par où il ſemble que le Pere Tournemine veuille dire que Céſar, Tacite &

(a) Mem. de Trev. ib. p. 16, & 17.

Tite-Live placent les Tectosages entre ces deux rivieres ; mais les deux derniers Historiens ne nomment pas même les Tectosages de la Germanie : & César, comme je l'ai rapporté, dit seulement qu'ils s'étoient établis aux environs de la forêt Hercynie, sans dire de quel côté. D'ailleurs Tacite bien loin de donner aux Tectosages, dont il ne dit rien, la contrée située entre le Rhin, le Mein, l'Elbe & le Veser, dit au contraire que le Pays dont le Pere Tournemine fait la demeure de ces Tectosages auteurs des François, fut anciennement occupé par les Helvetiens.

Ecoutons maintenant le Pere Tournemine (a) *donner de l'ordre aux preuves de l'opinion qu'il défend, les éclaircir & les fortifier autant qu'il sera nécessaire : voyons ces preuves appuyées sur des faits historiques, qui ont toute la certitude que peuvent donner des témoignages clairs d'Historiens accrédités, dont quelques-uns racontent ce qui se passoit de leur temps. Les Gaulois, dit-il (b), établis dans la Germanie, ont*

(a) Mem. p. 15. 16. & seqq.
(b) Ibid. p. 17. & 19.

*porté les premiers le nom de Germains.*
*Or les Francs étoient les mêmes que les*
*Germains, donc les Francs sont les mê-*
*mes que les Gaulois de Sigovese.* Examinons l'une après l'autre, les preuves
dont le Pere Tournemine appuye ce
raisonnement : elles demandent de l'at-
tention ; & voyons s'il est aussi heureux
dans le choix des faits historiques, qu'il
est convaincant dans sa maniere de rai-
sonner.

Le premier fait qu'il rapporte, est
tiré du 53. Livre de l'Histoire de Dion,
qu'il traduit ainsi (a) : *Quelques Peu-*
*ples de la Gaule, que nous appellons*
*Germains, ayant occupé tout le Pays,*
*qui s'étend depuis les sources du Rhin*
*jusqu'à l'Ocean Britannique, on a don-*
*né le nom de Germanie à cette Contrée.*
Pour juger sainement si ce passage de
Dion est favorable au système du Pere
Tournemine, rapportons-le en entier,
en observant qu'il s'agit ici du partage
des Provinces de l'Empire entre Auguste & le Peuple Romain. *C'est pour*
*cela,* dit Dion (b), *que les Provinces*
*d'Afrique, de Numidie, &c. furent*

(a) Mem. ib. p. 18.
(b) Dion histor. l. 53. p. 503. ed. 1606.

*données*

données au peuple. Les Espagnes, &c.
demeurerent à César, ainsi que toutes
les Gaules : sçavoir, la Narbonnoise,
la Lyonnoise, l'Aquitanique & la CEL-
TIQUE, avec les Peuples qui en étoient
les membres ; car quelques CELTES,
que nous appellons Germains, ayant
occupé toute la CELTIQUE, qui est le
long du Rhin, firent qu'on lui donna le
nom de Germanie, divisée en haute,
qui est la plus proche des sources du Rhin:
& en basse, qui s'étend depuis celle-là
jusqu'à l'Océan Britannique. L'on voit
par-là que le Pere Tournemine dans sa
traduction a substitué le mot de *Gaulois* à celui de CELTES, en disant :
*Quelques Peuples de la Gaule, que nous
appellons Germains* ; au lieu de traduire : *Quelques* CELTES *que nous appellons Germains*. Mais s'il a traduit ainsi
ce passage, il a eu ses raisons ; car de
ces deux mots de CELTE & de CEL-
TIQUE, dépend la solution de toute
la difficulté, comme nous l'allons faire
voir dans les observations suivantes.

Il s'agit, 1°. dans cet endroit de
Dion du nom de *Germanie* donné par
les Celtes ou Germains d'au-delà du
Rhin à tout le Pays des Gaules, qui

*II. Partie.*                    b

s'étend le long du même fleuve dans la
Belgique, jusques à son embouchure
vers les côtes Britanniques ; & non pas,
comme semble l'entendre le Pere
Tournemine, du nom de *Germanie*
donné par les Celtes des Gaules ou
Gaulois à la Celtique d'au-delà du
Rhin, qu'on appelle aujourd'hui *Alle-*
*magne*. Pour en être persuadé, on n'a
qu'à faire réflexion que la Province
Celtique dont Dion parle en cet endroit, & à laquelle les Germains avoient
donné leur nom, devoit être une Province des Gaules, puisqu'elle étoit
tombée en partage à Auguste, ou pour
mieux dire, que cet Empereur se l'é-
toit réservée pour lui-même : car le
Rhin du temps de cet Empereur, faisoit la frontiere de l'Empire, les Romains n'ayant rien au-delà. D'ailleurs
que cette Province Celtique ou Germanie de Dion, fût une des quatre Provinces ou parties, dont les Gaules
étoient pour lors composées ; cet Historien ne permet pas d'en douter. Il
nomme les trois autres ; sçavoir, la
Narbonnoise, la Lyonoise & l'A-
quitanique. Il entend donc par la Celtique ou Germanie, non pas la Lyo-

noife, mais la Belgique, quatriéme partie des Gaules, à la plus grande partie de laquelle les Celtes ou Germains d'au-delà du Rhin avoient donné le nom de *Germanie* en s'y établiffant ; qui en effet s'étendoit le long de cette riviere, & étoit divifée en deux parties : la haute, qui s'approchoit le plus près des fources du même fleuve, dont Mayence étoit la Capitale : & la baffe, qui continuoit depuis les frontieres de la haute, jufqu'à l'Océan Britannique, & dont Cologne étoit la Métropole.

2°. Il eft évident par cet endroit de Dion, que chez lui Celte ou Germain font deux mots fynonimes. Pour s'en convaincre encore davantage, on n'a qu'à parcourir cet Hiftorien. On verra que dans tous les endroits où il a eu occafion de parler des Germains, ou des Peuples d'au-delà du Rhin, il donne indifféremmenr le nom de *Celtes* ou de *Germains* à ceux que nous appellons aujourd'hui *Allemans :* & celui de Celtique ou de Germanie, à ce que nous nommons *Allemagne* ; quoiqu'il employe plus fouvent le nom de *Celtes* ou de *Celtique,* pour défigner ces mê-

mes Peuples, & le Pays qu'ils habitoient, pris en général. On verra aussi
qu'il n'appelle jamais les Gaulois du
nom de *Celtes*, mais de celui de *Ga-
lates* : & la Gaule, du nom de *Galatie*. Ainsi chez lui *Celte* veut toujours
dire *Germain*.

Cela posé, que peuvent conclure du
passage de Dion les Défenseurs de l'o-
pinion, qui donne aux François une
origine Gauloise ? Car il est constant
que les Peuples qui donnerent le nom
de *Germanie* à cette partie de la Belgique qui est le long du Rhin, étoient,
selon Dion, Germains d'origine, &
non pas Gaulois ; puisque, selon le
même Historien, Celte & Germain
veut dire la même chose ; & que ce
nom, chez lui, ne signifie pas plus
quelque Peuple particulier du vaste
Pays, où les Gaulois s'étoient anciennement établis, que tous les Peuples en
général de ces grandes Provinces. Que
si le nom de *Celte*, chez Dion, désigne
tous les Germains en général, tant
ceux qui avoient une origine Teutone,
que ceux qui avoient une origine Gauloise ; il s'ensuit que cet Historien ne
disant pas que ceux qui donnerent leur

nom à la partie de la Province Belgique, qui eſt le long du Rhin, fuſſent originairement Gaulois, on ne peut faire aucun uſage du paſſage qu'on en cite.

Mais, diront les Défenſeurs de l'opinion que j'attaque, les Germains ſont appellés *Celtes* par Dion; or Celtes & Gaulois c'eſt la même choſe; par conſéquent ces Germains que Dion appelle *Celtes*, étoient Gaulois d'origine. C'eſt tout ce qu'ils peuvent propoſer de plus plauſible en faveur du paſſage de Dion. Mais comme c'eſt ſur l'équivoque du mot de *Celtes* qu'ils fondent tout leur argument, & que c'eſt ce qui les a trompés, il faut expliquer ce que les Anciens entendoient par le mot de *Celte*, & le nom de *Celtique*.

Il eſt certain, & mes Adverſaires ont trop d'érudition pour en diſconvenir, que dans les temps les plus reculés, les Anciens, & ſurtout les Grecs, donnoient le nom commun de *Celtique*, non ſeulement à toute la Gaule en général, mais encore à la plus grande partie de l'Europe Septentrionale, & qu'ils en appelloient les Peuples du nom commun de *Celtes*. *Les Anciens*

*comprenoient*, dit Strabon (*a*), *pref-
que tous les Peuples de l'Occident fous
le nom de* Celtes, *appellant ainfi di-
verfes Nations fous un même nom, parce qu'elles n'étoient pas connuës.* Voilà
la véritable origine du nom de *Celtes*,
commun aux Gaulois & aux Germains.
Sur quoi il faut obferver que Strabon ne
dit pas un mot, qui puiffe faire conclure que les Celtes ou Gaulois qui s'é-
tablirent au-delà du Rhin, ayent donné leur nom aux Celtes de la Germanie. Ceux-ci furent ainfi nommés uni-
quement, parce que les Celtes des
Gaules plus connus qu'eux, firent que
les Grecs donnerent le même nom à
toutes les parties de l'Occident qu'ils
ne connoiffoient pas; comme, felon le
même Strabon (*b*), les Provinces Mé-
ridionales des Gaules qui furent les
premieres connuës par les Grecs, &
qu'ils appelloient du nom de *Celtique*,
firent qu'ils donnerent le même nom au
refte des Gaules.

Ces principes qui font inconteftA-
bles une fois fuppofés, comment le
Pere Tournemine prouvera-t'il par le

- (*a*) Strab. Lib. 1. Geogr. p. 33. & 34, Edit.
2620.  (*b*) L. 4, p. 189.

paſſage de Dion que j'examine, *que les Gaulois qui paſſerent au delà du Rhin, ont porté les premiers le nom de Germains; que les victoires remportées ſur leurs Voſins, rendirent fameux ce nom des Germains, & le firent donner à tout le Pays, qui depuis a pris celui des Allemans?* Comment prouvera-t'il, dis je, *que les Gaulois conquerans du Pays d'où ſont ſortis les François, ont pris le nom de Germains?* Pour le faire, il faudroit qu'il prouvât par ce paſſage de Dion qu'il produit en témoignage, que les Celtes ou Germains qui donnerent leur nom au Pays de la Belgique qui eſt à la gauche du Rhin, étoient non ſeulement Gaulois d'origine, mais qu'ils étoient encore les ſeuls qui portaſſent le nom de *Germains*, & qu'ils l'avoient donné à tous les autres Peuples de la nation. Mais ce paſſage de Dion ne dit rien de tout cela; & j'ai prouvé que le nom de *Celtes* ou de *Germains*, que portoient les Peuples qui paſſerent en deçà du Rhin, étant commun à toutes les nations qui habitoient le Pays auquel on donne aujourd'hui le nom d'*Allemagne*; on ne peut pas inferer du paſſage de Dion, que ceux qui vinrent s'établir dans les Gaules, étoient plûtôt Gaulois d'origine, que tous les autres Peuples de la nation Germanique.

J'ajouterai à tous ces raisonnemens l'opinion de Tacite, qui bien instruit de l'origine du nom de *Germains*, nous en donne la véritable étymologie. *Du reste*, dit-il, *le nom de* Germanie *est un terme nouveau & ajoûté depuis peu; parce que les premiers qui passèrent le Rhin pour venir s'emparer du Pays des Gaulois, étoient appellés tantôt Tongres, tantôt Germains. Ainsi le nom de la nation, & non pas celui d'un Peuple particulier, a prévalu peu à peu; en sorte que la crainte qu'on avoit de ces vainqueurs, fit qu'on donna le nom de* Germains *à tous les Peuples qui sont au-delà du Rhin, nom qu'ils se donnerent ensuite à eux-mêmes.* De ce passage de Tacite il résulte que les Peuples du Pays que nous nommons aujourd'hui l'*Allemagne*, qui passerent les premiers en de-çà du Rhin pour s'établir dans les Gaules, furent cause qu'on appella du nom commun de *Germains* tous les autres Peuples de leur nation, tant en de-çà qu'au de-là

-de

de la même riviere. Or parmi tous ces
Peuples qui s'établirent en de-çà du
Rhin, & dont les Historiens font l'é-
numération, il n'est point fait mention
des Tectosages, des Helvétiens, des
Boyens, & des autres Peuples originaires des Gaules, anciennement établis dans la Germanie.

Je me suis peut-être un peu trop éten-
du pour éclaircir le passage de Dion,
que le Pere Tournemine croit victorieux pour sa cause ; mais j'y ai été obligé, parce que cet endroit faisant la
principale force de ceux dont le Pere
Tournemine défend l'opinion, il ne
peut être une fois tourné contre eux-
mêmes, que tout leur système ne tom-
be en ruine.

En effet de-là on voit la foiblesse du
second texte du même Historien, que
le Pere Tournemine cite encore en sa
faveur. *Dion (a)), dit ce Pere, avoit
dit dans le Livre 39. que les Peuples des
deux bords du Rhin s'appelloient* GAU-
LOIS *avant que de s'appeller* Germains.
Il n'y a qu'à lire le Texte entier de
cet Auteur, pour voir que l'Ecri-
vain que je refute (b), abuse encore

(a) Mem. p. 18.  (b) Dion. hist. l. 39. p. 113.

d'un nom équivoque qu'il a traduit par le mot de *Gaulois*, au lieu de le traduire par celui de *Celtes*.

A l'autorité de Dion, le Pere Tournemine ajoûte celle de saint Jerôme, de Procope & d'Agathias, pour prouver que les Gaulois qui ont paſſé le Rhin, ſont les premiers qui ont porté le nom de *Germains*, & qu'ils l'ont tranſmis enſuite aux ſeuls François leurs deſcendans. Examinons en peu de mots tous ces témoignages.

*Saint Jerôme dans la Vie de S. Hilarion*, dit le Pere Tournemine (*a*), *parle ainſi d'un François* ( ou plûtôt au ſujet d'un François ) « La nation plus »vaillante encore qu'elle n'eſt étenduë, »habite entre les Saxons & les Alle- »mans le Pays que les Hiſtoriens ap- »pellent *Germanie*, & qui ſe nomme »aujourd'hui *France*. » Rapportons le texte Latin. : *Inter Saxones quippe & Alemannos gens eſt non tàm lata quàm valida ; apud Hiſtoricos Germania, nunc Francia vocitatur.* Je laiſſe à examiner aux Critiques s'il ne faudroit pas reſtituer dans ce texte de ſaint Jerôme : *Apud Hiſtoricos Germanica , nunc*

*Francica vocitatur* ; & s'il n'eſt pas plus vraiſemblable de dire qu'une nation étoit appellée *Germanique & Fran-çoiſe*, que *Germanie & France*. Allons à la concluſion qu'en veut tirer le Pere Tournemine : c'eſt ſans doute que les François ſeuls portoient autrefois le nom de *Germains*. Mais où ſont les Hiſtoriens cités par ſaint Jerôme, qui le diſent ? Le Pere Tournemine n'en rapporte pas un ſeul. Saint Jerôme veut donc dire que la nation Françoiſe étoit une nation Germanique, & qu'on ap-pelloit les *François* du nom général de *Germains* avant qu'on leur donnât ce nom, comme tous les autres Peuples qui ſont à la droite du Rhin ; & c'eſt de quoi tout le monde convient avec ce ſaint Docteur. Mais que ſaint Jerôme ait voulu dire par ce paſſage, que les François ſeuls avoient autrefois le nom de *Germains*, c'eſt ce que ce Pere n'a pas eu intention aſſurément d'avan-cer. Il auroit contredit les Hiſtoriens qu'il appelle en témoignage, il ſe ſe-roit contredit lui-même : car, de l'aveu du Pere Tournemine, les Saxons, les Quades, les Vandales, les Herules & les autres Peuples d'au-delà du Rhin, qui ravagerent les Gaules au commencement du cinquiéme fiecle, n'étoient pas François. Saint Jerôme leur donne cependant à tous le nom de *Germains,* lorfque parlant de ces Barbares qui avoient pris les villes de Rheims, d'Amiens, d'Arras, &c. il dit, *que les Peuples de ces Villes avoient été transférés dans la Germanie,* parce que ces Barbares les avoient faits captifs, & les avoient amenés chez eux.

Le texte de Procope eft encore moins favorable aux Défenfeurs de l'opinion, qui donne une origine Gauloife aux François. *Cet Hiftorien,* ajoûte le Pere Tournemine (a), *parle encore plus expreffément. Les Germains,* dit-il, *qu'on appelle aujourd'hui* François. *Il répete la même chofe dans le premier Livre de la Guerre des Goths.* Il eft vrai que Procope dit que les François portoient anciennement le nom de *Germains,* & lui-même dans fon hiftoire leur donne indifféremment ces deux noms. Mais s'enfuit-il de-là qu'ils fuffent les feuls peuples qui portaffent ce même nom. de *Germains?* Procope n'en conviendroit pas, puifqu'il le donne aux War-

______

(a) Mem. pag. 30.

nes, peuple situé au-delà du Danube, depuis les côtes de l'Océan Septentrional jusqu'au Rhin, & qu'il les distingue des François. *Les Warnes, peuple d'au-delà du Danube,* dit-il, *s'étendent jusqu'à l'Océan Septentrional & au Rhin, qui les sépare des Francs & des autres Peuples qui sont voisins des Francs. Or,* continue-t'il, *autrefois toutes les Nations qui sont le long du Rhin, avoient véritablement chacune leur nom particulier,* MAIS ON LES APPELLOIT TOUTES DU NOM COMMUN DE GERMAINS.

Agathias que le Pere Tournemine assure parler en sa faveur, de même que Procope, ne parle pas en effet différemment de ce dernier. Il dit à la vérité que les François sont les mêmes que ceux qu'on appelloit autrefois du nom de *Germains* ; mais c'est parce qu'ils l'étoient d'origine ; car en même temps cet Historien donne le même nom de *Germains* aux Allemans & aux Herules, & ne dit rien qui puisse persuader que le nom de *Germains* fût autrefois particulier à ceux qu'on appelloit *François* de son temps. *Le nom de Germains,* comme dit Paul Diacre,

*étant commun à tous les Peuples situés de-*
*puis le Don ou Tanaïs jusqu'au cou-*
*chant, quoique chacune de ces Nations*
*eût aussi son nom particulier.*

De toutes ces autorités rassemblées,
le Pere Tournemine conclut, *que les*
*François sont les Germains; les Ger-*
*mains, les Gaulois qui passerent le Rhin*
*sous Sigovese; & qu'ainsi l'origine des*
*François est toute Gauloise.* Et moi de
la discussion des mêmes autorités, je
conclus que les François étoient véritablement *Germains,* mais non pas *les*
*Germains;* puisque leur nation seule ne
fut jamais appellée de ce nom privativement à toute autre, & que le même
nom de *Germains* fut également commun à tous les autres Peuples qui habitoient depuis le Rhin jusqu'aux frontieres de la Sarmatie & de la Dace;
qu'il n'y a aucune preuve que les François aient porté les premiers le nom de
*Germains,* qu'ils l'aient communiqué
aux autres, & ( quand cela seroit )
qu'ils soient descendus des Gaules qui
passerent le Rhin sous Sigovese; qu'y
ayant même plûtôt des preuves du contraire, l'origine des François n'est point
Gauloise; ou que, si elle l'est, nous

n'avons là-deſſus chez les Anciens rien qui puiſſe, je ne dis pas nous *convaincre*, mais même nous donner un juſte motif de crédibilité.

Quant à la preuve que le Pere Tournemine prétend tirer du nom *de Lothaire que portoit un des Princes Gaulois qui ravagerent la Grece, & dont le nom*, dit-il, *étoit commun parmi les François;* ce ſçavant Jeſuite fait bien de dire *qu'il auroit pû négliger ce rapport.* En effet, le nom de *Lothaire* n'étoit ni écrit ni prononcé chez cette nation, ainſi que nous l'écrivons & que nous le prononçons aujourd'hui, comme on le voit dans nos plus anciens Hiſtoriens (*a*). C'eſt l'ancien nom barbare de *Chlothacarius*, dont les Auteurs poſtérieurs ont fait *Chlotarius*, & les plus modernes celui de *Lotharius.* Or quel ſi grand rapport y a-t'il entre *Chlotacharius* & *Lutarius* ou *Lutarix*, qui eſt le vrai nom du Prince Gaulois? Mais s'il y a une ſi grande reſſemblance entre les noms des deux nations, la Gauloiſe & la Françoiſe, d'où vient que parmi un ſi grand nombre d'anciens noms propres à ces deux Peuples,

(*a*) Gregor. Tur. hiſt. l. 5. c. 25. & alibi paſſim.

que les Historiens nous ont transmis, le Pere Tournemine ne trouve que celui de *Lutarius* où il y ait quelque ressemblance ? D'où vient, si les François déscendent des Tectosages, que nous ne voyons pas parmi les premiers les noms de *Sigovese*, de *Leonorius*, de *Brennus*, d'*Acichorius*, de *Dejotarus*, d'*Albiorix*, d'*Ateporix*, & plusieurs autres que les Auteurs & les monumens nous ont conservés, & que portoient les Tectosages de la Grece & de l'Asie, compatriotes de ceux de la Germanie ; noms qui étoient encore en usage dans la Galatie sous les Empereurs Romains ? D'où vient au contraire que nous ne voyons pas parmi ces Gaulois, les noms barbares de *Chlodovechus*, de *Theodebert*, de *Chlodomir*, de *Childebert*, de *Warnacharius*, & une infinité d'autres communs parmi nos premiers François, dont on pourroit dire ce que disoit plaisamment Sidoine Apollinaire des noms des Princes Bourguignons de son temps : que ceux qui dans la suite des siécles, voudroient s'en ressouvenir, seroient obligés de donner la torture à leur mémoire.

Mais, dira-t'on (*a*), ces François-Gaulois dans un si long intervalle pouvoient avoir changé d'Idiome, & avoir quitté leur ancienne Langue pour prendre celle des vaincus. Ainsi ils pouvoient fort bien parler Tudesque quand ils rentrerent dans les Gaules, & avoir des noms conformes au génie de leur nouvelle Langue. Cela certainement n'a aucune vraisemblance; car quelle preuve a-t'on qu'entre Peuples barbares le vainqueur ait jamais pris la Langue du vaincu? Quelle douceur, quelle politesse y avoit-il dans la Tudesque plus que dans la Celtique ou Gauloise, pour engager les Gaulois victorieux de se conformer à l'Idiome des Germains assujettis? Au contraire nous avons bien plus de raison d'être persuadés, que si les François étoient Gaulois d'origine, ils auroient conservé leur Langue jusqu'à leur entrée dans les Gaules, à l'exemple de leurs compatriotes de la Galatie. Nous sçavons en effet que ceux ci infiniment plus éloignés de leur patrie, ayant fort peu de relation & de commerce avec leurs anciens concitoyens, au milieu des

(*a*) Mem. ib. p. 21.

charmes de la Langue Grecque, conservoient cependant encore en entier leur Langue Gauloise au commencement du cinquième siécle, au rapport de saint Jerôme, quoique soumis depuis long-temps aux Romains. Les François toûjours libres, pouvoient donc bien l'avoir conservée aussi cette Langue Gauloise, s'ils l'eussent jamais parlée, à l'exemple des *Gothins*, dont j'ai déja fait mention, qui la parloient encore dans la Germanie du temps de Tacite, au milieu des Quades & des Sarmates, quoiqu'assujettis en quelque maniere par ces Peuples.

Qu'on ne dise pas (*a*) au reste qu'il n'y avoit pas beaucoup de différence entre la Langue Tudesque que parloient les François quand ils vinrent dans les Gaules, ( ce qui suffit presque pour prouver leur origine, ) & la Gauloise. Ce seroit démentir le même Tacite, qui fait sentir cette différence au même endroit, en disant de ces mêmes *Gothins* Gaulois d'origine, & des *Oses* peuples Pannoniens qui habitoient dans la Germanie : *La Langue Gauloise que parlent les Gothins, & la Pan-*

(*a*) Mem. ib. p. 11.

*noniene dont se servent les Oses*, preuve que ces Peuples ne sont pas Germains. On sait assez d'ailleurs la différence essentielle qu'il y a entre le bas Breton, qu'on prétend être l'ancien Gaulois, & la Langue Germanique ou Tudesque.

Voilà tout ce que le Pere Tournemine a pû ramasser de plus favorable pour l'opinion qu'il défend.

C'est avoir suffisamment combattu Trivorius & le Pere Lacarry, que d'avoir répondu au Pere Tournemine, qui a donné à leurs raisons toute la force, & toute la grace dont elles étoient susceptibles; je pense qu'ayant refuté & le principe & les preuves de ce savant Jésuite, j'ai pleinement rempli le dessein que je m'étois proposé. Ce dessein a été seulement de faire voir qu'on n'a aucune preuve que les François soient descendus des anciens Gaulois établis dans la Germanie, & que toutes les conjectures qu'on en donne, ne font rien moins qu'un *raisonnement convaincant*, n'étant fondées sur aucun argument solide. Du reste nous sommes obligés d'avouer que nous souhaiterions qu'une opinion si glorieuse à la

Nation, se trouvât véritable, & que
cette Differtation donnât lieu à de
plus amples & à de plus heureuses
recherches pour la rendre croyable.

*E I N.*

MEMORIAL

# MEMORIAL
# DE PARIS.

## SECONDE PARTIE.

### De la France.

L A France portoit ancienne-
ment le nom de *Gaules*. Ce
fut vers l'an 420. qu'elle le
perdit, & prit celui qu'elle
porte aujourd'hui, des François qui la
conquirent. Ces Peuples s'appellerent
ainsi du mot *Tudesque-Frank*, qui
signifie Libre, pour marquer l'attache-
ment singulier qu'ils eurent toujours
pour la liberté.

Il y a plusieurs opinions sur l'origine
des François. La plus commune est,
que ces Peuples habiterent cette Par-

*II. Partie.*                                     A

tie de l'Allemagne, qui est située sur les bords du Rhin.

La France a pour bornes au Nord l'Océan & les Pays-Bas Espagnols; à l'Orient, l'Allemagne, la Suisse, la Savoye & l'Italie; l'Espagne, & la Méditerranée au Midi; & l'Océan au Couchant.

Son étenduë est de 200. lieuës d'Occident en Orient, & d'environ 180. du Midi au Septentrion; ensorte qu'elle contient environ 30. à 40. mille lieuës quarrées; on lui donne 19. millions 94. mille 146. Habitans.

Son climat n'est ni fort froid, ni fort chaud; elle est fertile en bleds, en vins, en huile, sel, chanvre, saffran, pâturages, bestiaux, fruits, volailles & gibiers; on y trouve des mines de fer, de plomb, de cuivre, de charbon, des veines d'or & d'argent, des carrieres de marbre, des eaux minérales, &c.

Ses Montagnes les plus considérables sont, 1°. les Alpes qui la séparent de l'Italie; 2°. les Pyrénées qui la bornent du côté de l'Espagne; 3°. celles d'Auvergne & des Cevennes.

Elle est arrosée par quatre principales Rivieres, qui sont la Loire, le Rhône, la Garonne & la Seine.

La Loire prend sa source sur les confins du Vivarais & du Velai, & commence à être navigable à Rouanne; elle passe par le Lyonnois, le Bourbonnois, le Nivernois, l'Orleanois, la Touraine, l'Anjou, & se jette dans l'Océan au-dessous de Nantes.

Le Rhône a sa source au Mont-Saint-Godart, traverse le Valois & le Lac de Genève, se perd sous terre à quatre lieuës de cette Ville, reparoît au pont d'Arlou, commence à porter Bateau à Seissel, reçoit la Saone à Lyon, passe à Valence, où il commence à rouler avec son sable, des pailles d'or & d'argent, & se jette dans la Méditerranée par trois embouchures appellées le *Gras de Sauze*, le *Gras de Sainte Anne*, & le *grand Gras*.

La Garonne sort des Pyrénées, commence à être navigable à Muret, passe à Toulouse, à Agen & à Bordeaux, reçoit la Dorgogne au bec d'Ambez, où elle prend le nom de *Gironde*, & à 15. ou 16. lieuës de-là, se jette dans l'Océan, proche de la Tour de Cordouan, par deux embouchures, nommées le *Pas des Asnes*, & le *Pas de Grave*.

La source de la Seine est en Bour-
gogne à une lieuë & demie de Saint-
Seine, sur le chemin de Dijon à Paris.
Elle commence à porter Bateau à
Troyes, passe par Châlons, Paris,
& Roüen, & se jette dans la Manche
entre le Havre & Honfleur.

Ceux qui parlent des mœurs des
François, disent qu'ils sont spirituels,
polis, enjoüés, galans, légers, cou-
rageux, guerriers, voluptueux, & don-
nant volontiers dans le luxe. Ce qu'il y
a de vrai, est que rien de plus étourdi
qu'un jeune François ; rien de plus ai-
mable qu'un François d'un certain âge.

La Langue Françoise est un jargon mêlé de Gaulois, de Latin & de Tudesque.
Du mélange qui se fit du Gaulois avec
le Latin, après la Conquête des Gaules par les Romains, se forma d'abord
un jargon appellé *Roman*. Les François ayant chassé les Romains, intro-
duisirent dans ce jargon l'usage des
Verbes auxiliaires *Etre* & *Avoir*. Sur
la fin de la seconde Race on y ajouta les Articles ; on changea les termi-
naisons latines, & on ajouta à plusieurs
l'*E muet*, pour les rendre plus douces.
Le Roman se perfectionna beaucoup

sous Philippe-Auguste, par le secours des Poëtes connus alors sous les noms de *Trouveves* & de *Jongleurs*. Sous Philippe le Bel parut le Roman de la Rose, qui fut regardé comme un chef-d'œuvre de la Langue. Elle se perfectionna encore sous François I. qui en 1535. ordonna qu'à l'avenir tous les Actes seroient dressés en François. Enfin sous Louis XIV. elle a acquis ce degré de beauté, où elle est aujourd'hui.

## DU ROI.

DEPUIS l'an 420. où l'on fixe communément l'époque de l'Etablissement des François dans les Gaules ; cette Monarchie a duré 1329. ans jusqu'à l'année présente 1749. Dans cet intervalle elle compte 65. Rois, tous de la même Maison, quoique de Races différentes.

Le Royaume de France est successif de mâle en mâle ; & selon la Loi Salique, que l'on a toujours regardée comme la Loi fondamentale de l'Etat, les filles font excluës de la Couronne.

A l'égard des mâles, l'ufage a varié. Sous les deux premieres Races, les François ont quelquefois appellé à la Couronne des Princes de la Maifon Royale, quoique plus éloignés que d'autres à qui ils ont été préférés.

Au contraire, fous la troifiéme Race, la fucceffion par mâles, a toujours été reglée felon l'ordre de la nature & de la naiffance.

On peut confidérer le Roi, ou fimplement par rapport à fa Perfonne facrée, ou par rapport au gouvernement de l'Etat. Nous verrons d'abord ce qui a rapport à fa Perfonne.

---

### De la Naiffance du Dauphin.

JUSQU'A Philippe de Valois, les fils aînés des Rois de France avoient porté le nom qu'il avoit plu à leurs peres de leur donner ; mais en 849. le Dauphiné ayant été cédé à ce Prince par Humbert, Dauphin de Viennois, à condition que le fils aîné du Roi, ou à fon défaut, le petit-fils, héritier préfomptif de la Couronne, en porteroit lés Armes & le Titre ; ils ont toujours pris depuis en naiffant le nom de *Dauphins*.

A l'égard du Cérémonial qui s'obferve à la naiffance du Dauphin, on remarque qu'à la naiffance de Louis XIV. quelque temps avant l'accouchement, Louis XIII. fe rendit dans la chambre de la Reine avec quelques Princeffes du Sang, la Gouvernante, la Nourrice, la Dame d'honneur, la Dame d'atour, les femmes de chambre & la fage-femme : fur un Autel derriere le pavillon de l'accouchement, les Evêques de Lifieux, de Meaux & de Beauvais dirent la Meffe, après quoi ils refterent en priéres jufqu'à ce que la Reine fût accouchée. Plufieurs autres Prélats, les filles de la Reine, les Seigneurs & Dames de la Cour attendoient dans le grand cabinet de la Reine.

Ce n'eft guéres la coutume de donner le Batême au Dauphin immédiatement après fa naiffance ; on fe contente de le faire ondoyer dès qu'il eft né, dans la chambre même de la Reine : c'eft le grand Aumônier qui fait la Cérémonie en préfence du Roi, des

A iiij

Princes & Princesses, du Chancelier
& des Grands.

Lorsque le Dauphin est né, le Roi
en donne avis par Lettres de cachet au
Gouverneur de Paris, à l'Archevêque,
& aux Cours supérieures. Le Roi reçoit à cette occasion les complimens
des Ministres Etrangers, des Cours
supérieures, du Corps de Ville & de
la Cour des Monnoyes, qui vont ensuite saluer le Dauphin. Enfin, selon
l'usage pratiqué dès les premiers temps
de la Monarchie, en faveur de cette
heureuse naissance ; le Roi délivre un
grand nombre de Prisonniers.

C'est aussi la coutume que les Papes
envoyent aux Fils aînés de France les
Langes benis, pour marquer qu'ils les
reconnoissent pour Fils aînés de l'E-
glise ; ils sont présentés par un Nonce
extraordinaire, qui donne la bénédic-
tion au Dauphin au nom de Sa Sain-
teté.

La Cérémonie des Relevailles n'a
rien d'extraordinaire, elle se fait ordinairement dans la chambre de la Reine par le premier Aumônier.

## Du Bâtéme du Dauphin.

J'AI déja dit, qu'ordinairement le Dauphin est seulement ondoyé après sa naissance, & qu'on remet à un autre temps les Cérémonies de son Bâtéme, qui sont ordinairement magnifiques, mais qui n'ont rien de fixe.

## De la Maison du Dauphin.

A Sa naissance, le Dauphin est remis entre les mains des femmes. A leur tête est la Gouvernante, qui est toujours de la premiere condition ; elle a sous elle une sous-Gouvernante, la Nourrice qui a aussi une Gouvernante pour veiller sur sa conduite, & sur ce qu'elle mange ; la Remueuse, la premiere femme de chambre, neuf ou dix femmes de chambre, deux valets de chambre, deux garçons de la chambre, une Blanchisseuse, une femme de cuisine, un Médecin & un Argentier.

A trois ou quatre ans, on donne au Dauphin un Instituteur pour lui apprendre à lire, & lui enseigner les premiers élémens de la Religion.

A sept ans, le Dauphin passe des mains des femmes dans celles des hommes ; on lui donne alors un Gouverneur, qui est ou un Duc, ou un Maréchal de France, & quelquefois tous les deux. Il y a outre cela, deux sous-Gouverneurs, un Précepteur, un sous-Précepteur, un Lecteur, deux Gentilshommes de la Manche, un Confesseur ordinaire, un premier Valet de chambre ordinaire, trois ou quatre Valets de chambre, trois garçons de la Chambre, deux Huissiers de la Chambre, un Chirurgien ordinaire, un Barbier ordinaire, un Porte-manteau ordinaire, un Porte-arquebuse ordinaire, un Tapissier ordinaire, un Capitaine de mulets, un premier Valet de garderobe, trois garçons de la garderobe, un Blanchisseur du linge du corps, une Empeseuse, un Maître à écrire, un Maître de danse, un Maître de dessein, un Maître en fait-d'armes. Le Dauphin a encore un Ecuyer ordinaire, mais il ne se sert que des Equipages du Roi. Tous ces Officiers ne sont que par commission, les autres Offi-

ciers font de la Maifon du Roi ; & après
avoir fervi leur quartier chez Sa Majefté, ils entrent en fervice auprès du
Dauphin. Il a auffi un certain nombre de Valets de pied aux livrées du
Roi.

Autrefois les Dauphins avoient des
Officiers qu'ils n'ont plus, & qui pre-
noient la qualité de *Grands*. Ainfi
en 1446. on trouve un Grand-Maître
du Dauphin, qui fut enfuite le Roi
Louis XI. En 1409. un Audiencier &
Tréforier du Dauphin, fils de Charles
VI. & en 1413. un Chancelier.

---

## De l'Avenement à la Couronne.

LE Roi ne meurt point en France :
il y a continuation de Roi à Roi,
le mort faifit le vif, & fans Couronnement ni Sacre, les François ont un
Roi, du moment que l'autre eft mort.

Le droit du nouveau Roi s'appelle
*Joyeux Avenement* : c'eft le droit de
créer de nouvelles Maîtrifes dans chaque Corps de Métier, & de nommer
à la premiere Prébende vacante dans
chaque Cathédrale. Ce droit eft très-

ancien, & appartient au Roi, *jure Regni.*

---

## Du Sacre.

L'ORIGINE du Sacre des Rois de France est incertaine ; ce qu'il y a de sûr, est qu'il n'est pas si ancien que Clovis, & qu'il l'est plus que Pepin. C'est Louis VII. dit le Jeune, qui en 1179. à l'occasion du Sacre de son fils, qui depuis fut Philippe-Auguste, prescrivit l'ordre qui s'est observé ensuite au Sacre & Couronnement des Rois. Il n'y a point d'âge fixé pour le Sacre des Rois de France : Philippe I. fut sacré à huit ans, & Louis XV. en avoit douze.

La Cérémonie du Sacre se fait ordinairement à Reims dans l'Eglise Cathédrale & par l'Archevêque de cette Ville, où à son défaut par l'Evêque de Soissons son premier Suffragant. Quelques Rois ont été sacrés ailleurs. Henri IV. le fut à Chartres. Par-là il est démontré que pour le Sacre, on n'a pas besoin de l'huile de la sainte Ampoule, qui se conserve dans l'Abbaye de S. Remi de Reims, & qu'une tradition peu fondée, dit avoir été apportée du Ciel par un Ange.

Les Cérémonies du Sacre font décrites par plusieurs Auteurs auxquels on peut avoir recours; je remarquerai seulement trois inftans principaux.

1°. Celui du Serment que le Roi prête affis & couvert, entré les mains du Confacrant. Le Roi prête d'abord le Serment de protection pour toutes les Eglifes foumifes à la Couronne; enfuite celui du Royaume, & enfin celui de fes Ordres, & de l'obfervation de l'Edit contre les Duels.

2°. Celui du Sacre & du Couronnement, qui fe font conjointement par le Prélat confacrant, & par les Pairs.

3°. Celui de l'Intronifation, lorfque le Confacrant fait affeoir le Roi fur le Trône: c'eft alors que les Hérauts répandent parmi le peuple des Médailles d'or & d'argent, frappées pour le Sacre.

Les Ornemens du Sacre ont été dépofés par S. Louis au Tréfor de l'Abbaye de S. Denis, & font apportées à Reims pour la Cérémonie. Ces Ornemens font,

1°. La grande Couronne Imperiale de Charlemagne, elle est d'or, & enrichie de pierreries.

2°. l'Epée de Charlemagne, la poignée, la garde & le haut du foureau font d'or, enrichis de pierreries ; le foureau est de velours violet, garni de perles.

3°. Le Sceptre de Charlemagne de fix pieds de haut, il est d'or, & enrichi de perles.

4°. La Main de Justice de Charlemagne, c'est une verge d'or, furmontée d'une main d'yvoire, garnie de pierreries.

5°. Les Eperons de Charlemagne d'or émaillé, garnis de grenats.

6°. L'Agrafe d'or, garnie de diamans, fervant à tenir le Manteau Royal.

7°. Le Livre des Priéres du Sacre, couvert d'argent doré & de pierreries.

Ces fept Ornemens ne changent point, & fervent à tous les Sacres. Les autres Habits Royaux font les Botines, la Tunique, la Dalmatique & le Manteau Royal. Ils font de velours violet, doublés d'hermine, & femés de fleurs de lys d'or.

Les principaux Officiers qui affiſtent au Sacre, ſont les douze Pairs de France. Il y en a ſix Eccléſiaſtiques, trois Ducs, qui ſont l'Archevêque de Reims, les Evêques de Laon & de Langres; trois Comtes, ſçavoir, les Evêques de Beauvais, de Chaalons & de Noyon.

Les ſix Pairs Laïques ſont les Ducs de Bourgogne, de Normandie & de Guyenne; les Comtes de Champagne, de Flandre & de Touloufe.

Ces Pairs Laïques n'exiſtant plus à cauſe de la réunion de leurs Pairies à la Couronne, ils ſont repréſentés au Sacre par les Princes du Sang, & quelques Ducs & Pairs.

Après les Pairs, les principaux Officiers ſervant au Sacre, ſont le Connétable, ou celui qui le repréſente, ſa Charge étant ſupprimée; le Chancelier ou Garde des Sceaux, le Grand-Maître de la Maiſon du Roi, le Grand-Chambellan, & le premier Gentilhomme de la Chambre.

Au Feſtin Royal qui ſuit le Sacre, ſervent le Grand-Pannetier, le Grand-Echanſon & l'Ecuyer-Tranchant.

Le lendemain du Sacre, le Roi fait la Cérémonie des Chevaliers de l'Ordre du S. Esprit, dont on parlera dans la suite, & celle de toucher les Malades.

Le Sacre finit par un pardon général que le Roi accorde à tous les Criminels. Ils se rendent pour cela dans les prisons de Reims, & le Roi nomme quatre Maîtres des Requêtes pour faire leurs informations. Le Grand-Aumônier en camail & en rochet, va ensuite les délivrer. Plus de dix mille furent élargis au Sacre de Louis XIV.

## De la Majorité, & des Lits de Justice.

ANCIENNEMENT les Rois n'étoient majeurs qu'à 21. ans. En 1270. & 1271. Philippe le Hardi fit deux Ordonnances pour fixer la Majorité des Rois à 14. ans. En 1334. Philippe de Valois & la Reine sa femme semblent avoir voulu établir la même chose par le partage qu'ils firent entre leurs enfans. Enfin en 1374. l'affaire fut terminée par l'Edit perpétuel & irrevocable du Roi Charles V. vérifié au Parlement. Depuis ce temps-là, le Roi est Majeur à 13. ans & un jour.

La déclaration de la Majorité du Roi se fait ordinairement au Parlement, où le Roi va tenir son Lit de Justice. Le Lit de Justice ne se tient que pour des affaires qui concernent l'Etat. Le Roi se rend au Parlement, accompagné des Princes du Sang, des Ducs & Pairs, & de toute la Cour. A la Sainte Chapelle il est reçu par les Présidens & les Conseillers députés des Chambres assemblées, & conduits sous le dais qu'on lui a préparé.

A sa gauche & à sa droite, sont les Princes du Sang & les Ducs & Pairs, assis sur les hauts bancs. Le Grand-Maître, le Grand-Chambellan & le Prévôt de Paris dans le parquet & sur les siéges d'en-bas, sont le Chancelier, les Présidens & les Conseillers. Les Huissiers de la Chambre tenant une verge à la main, sont à genoux dans le parquet devant le Roi. Il y a aussi des siéges pour les Prélats & les Seigneurs, qui n'ont point séance au Parlement.

Le Roi propose d'abord le sujet qui l'amene, & cela en deux mots. Le Chancelier l'explique ensuite plus au long. Son discours est suivi ordinairement de celui du Premier Préſident, & d'un autre que fait l'Avocat Général, tous deux découverts & à genoux, juſqu'à ce que le Roi leur diſe de ſe lever. Le Chancelier prend enſuite les voix, & prononce l'Arrêt.

Le Lit de Juſtice n'a de ſingulier que l'hommage que les Princes du Sang, les Ducs & Pairs, les Maréchaux de France & tous les Officiers de la Couronne, rendent au Roi.

---

## Des Titres du Roi.

PHILIPPE-AUGUSTE eſt le premier qui ait pris le titre de Roi de France. Ses Prédéceſſeurs s'appelloient *Rois des François*, pour faire voir que leur Royauté étoit plus ancienne que l'établiſſement de leur Monarchie dans les Gaules.

Au titre de Roi de France, on joint celui de Roi de Navarre, depuis que ce Royaume eſt revenu à la Couronne ſous Henri IV.

Le Roi joint auſſi quelquefois dans ſes Edits, les qualités de Dauphin de Viennois, de Comte de Valentinois

& de Diois, de Provence & de For-
calquier, furtout lorfque ces Edits regardent principalement ces Provinces,
autrefois indépendantes de la Couronne.

Le nom de *Sire*, quelle que foit fon
étimologie, fignifie *Maître* ou Seigneur. On le donnoit autrefois à tous
les grands Seigneurs, & on difoit le
*Sire de Joinville*, le *Sire de Coucy*. Aujourd'hui ce terme éft attaché à la perfonne du Roi, & l'on s'en fert, lorfque l'on s'adreffe à lui de vive voix, ou
par écrit.

On lui dit auffi *Votre Majefté*, &
en parlant de lui, on dit en France *Sa
Majefté*. Cet ufage n'a commencé à
être fréquent que fous Henri II. Le
Pape S. Gregoire écrivant aux Roîs de
France, ne leur donnoit que le titre
d'*Excellence*. Dans une Lettre de la
Chambre des Comptes, écrite à Char-
les le Bel, il eft appellé *Monfieur Roi*.
Enfin à la Paix de Munfter, les Mi-
niftres ne vouloient donner au Roi de
France que le titre de *Sérénité*.

Les Papes ont commencé dès le
temps des enfans de Clovis, à donner
aux Rois de France le titre de *Rois*

*Très-Chrétiens.* Il leur eſt devenu pro-
pre en la perſonne de Louis XI. à qui
il fut affecté par le Pape Paul II. en
1459. Et en parlant d'eux, les Etrangers diſent volontiers le *Roi Très-Chré-
tien.*

A cette qualité, les Papes écrivant
aux Rois de France, ajoutent celle de
*Fils aîné de l'Egliſe.* Ce titre eſt fondé
ſur ce que, lorſque Clovis ſe fit Chré-
tien, il étoit le ſeul de tous les Rois du
monde, qui fût Catholique & Orto-
doxe.

______________

## Des Prérogatives du Roi.

APRÉS l'Empereur, le Roi de
France eſt le premier Monarque
de l'Europe. Ses Ambaſſadeurs ont le
pas ſur ceux de tous les autres Rois : ce
qui ſe pratiqua même à l'égard des Miniſtres de Charles V. tant qu'il ne fut
que Roi d'Eſpagne. Ce Prince étant enſuite devenu Empereur, ſes Ambaſſadeurs commencerent à précéder ceux
de France. Telle fut l'origine des prétentions des Eſpagnols, qui croyant
pouvoir perſuader au Public que les Mi-

niſtres de Charles V. avoient précédé
ceux de France en qualité de Miniſtres
d'Eſpagne , prétendirent en quelques
occaſions diſputer la préſéance aux Ambaſſadeurs de France.

Cette querelle a duré depuis Philippe II. Roi d'Eſpagne, juſqu'au Regne de Louis XIV. En 1662. le Baron de Vateville, Ambaſſadeur d'Eſpagne, ayant inſulté à cette occaſion
le Comte d'Eſtrades, Ambaſſadeur de
France, à l'Entrée d'un Ambaſſadeur
de Suede à Londres, Louis XIV. voulut tirer raiſon de cet affront, & le Roi
d'Eſpagne lui fit ſatisfaction. Il révo-
qua Vateville, & envoya en France en
qualité d'Ambaſſadeur Extraordinaire,
le Marquis de la Fuente, qui dans l'audience qu'il eut du Roi , déclara en
préſence de tous les Miniſtres Etrangers, que Sa Majeſté Catholique avoit
donné ordre à ſes Ambaſſadeurs de céder le pas à ceux de France dans toutes les occaſions.

C'eſt pourquoi en 1669. les Miniſtres de France & d'Eſpagne s'étant
trouvés enſemble dans l'Egliſe des Jéſuites à Veniſe à la cérémonie de la Ca-
noniſation de S. François Xavier, l'Am-

baſſadeur d'Eſpagne prit ſa place au-
deſſous de celui de France.

***

## Des Armes de France.

LEs Auteurs ſont partagés ſur
l'origine des Armes des Rois de
France. Les uns veulent qu'ils ayent
porté d'abord trois Couronnes, ou trois
Diadêmes ; d'autres trois Crapeaux ;
quelques-uns, des Abeilles ſans nombre. Enfin une tradition ancienne aſſure, que les trois Fleurs de-lys qu'ils
ont aujourd'hui , furent apportées du
Ciel à Clovis par un Ange.

Cette opinion ridicule en elle-mê-
me , eſt d'ailleurs refutée par un fait
ſertain, c'eſt qu'il n'eſt point parlé de
Fleurs-de-lys avant l'an 1179. où l'on
remarque qu'au Sacre de Pilippe-Au-
guſte , Louis le Jeune ſon pere, fit par-
ſemer l'habit de ce jeune Prince de
Fleurs-de-lys. De-là pluſieurs ont cru
qu'on devoit attribuer l'origine des
Fleurs-de-lys à Louis le Jeune, qui,
dirent-ils, les prit pour ſa deviſe , à
cauſe du nom de *Florus* ou *Fleuri*, que
Louis le Gros ſon pere lui avoit don-

né. Ses Succeſſeurs les porterent d'or
& ſans nombre en champ d'azur. Quelquefois ils les réduiſirent auſſi à trois ;
mais elles ne furent conſtamment fixées
à ce nombre que ſous Charles VI. en
1380.

A l'Ecu de France, les Rois Louis
Hutin, Philippe le Long & Charles le
Bel, joignirent celui de Navarre, par-
ce qu'ils poſſéderent ce Royaume.

Charles VIII. écartela de Jéruſa-
lem, à cauſe de ſes prétentions ſur cette
Couronne. Henri III. joignit aux Armes de France celles de Pologne, dont
il prit toujours le titre de Roi.

Enfin Henri IV. & ſes Succeſſeurs
ont porté conſtamment les Armes de
France & de Navarre.

Charles VIII. porta la Couronne
fermée, mais on prétend que ce ne fut
qu'en qualité d'Empereur d'Occident,
& que François I. eſt le premier, qui
l'ait portée telle en qualité de Roi de
France.

Les Armes de France ont deux Anges pour ſupport, ce qui eſt peut-être
venu de la fauſſe tradition de leur origine céleſte. Au lieu des deux Anges,
Charles VI. prit deux cerfs aîlés, Louis

XII. deux porcs-épis , & François I.
deux Salamandres.

Au-tour des Armes de France , font
les Coliers des deux Ordres de S. Michel & du S. Efprit.

Obfervons, qu'anciennement il n'y
avoit que les Fils aînés de France à qui
il fût permis de porter les Armes de
France , les cadets en prenoient feulement les métaux & les couleurs. Ce fut
S. Louis qui leur permit d'avoir pour
Armes l'Ecu de France brifé.

L'ancien cri de Guerre des Rois de
France étoit *Mont-joye S. Denis*. L'o-
rigine en eft affez incertaine : ce qu'on
en dit de plus probable, eft que c'étoit
un cri de ralliment qui fe faifoit autour
de l'Oriflamme ou Banniere de S. Denis qu'on portoit alors à l'armée. Ainfi
les Bourguignons portoient *Mont-joye
S. André*, parcè que les Ducs de Bourgogne avoient une Croix de S. André
dans leurs armes.

L'ufage des Devifes eft fort ancien
pour les Rois de France. Ce n'étoient
d'abord que de fimples Lettres : ainfi
le K. fut la Devife des Rois de France qui porterent le nom de Charles depuis Charles V. jufqu'à Charles IX.

dans

dans la suite ils prirent un corps & une ame. La Devise de Louis XII. étoit un Porc-Epic, avec ces mots : *Cominus & Eminus* : celle de François I. étoit une Salamandre dans le feu, avec ces mots : *Nutrisco & Extinguo.*

Louis XIV. avoit pris d'abord pour Devise une Massue d'Hercule avec cette ame : *Erit hæc quoque cognita monstris*, il la changea en 1671. pour celle du Soleil éclairant le monde, avec ces mots : *Nec pluribus impar.*

---

## Du Mariage du Roi

LA cérémonie du Mariage du Roi n'a rien de plus particulier que ce qui se pratique ordinairement à celui de tous les grands Princes.

On remarquera seulement que les Cent Suisses y portent le Drapeau déployé, ce qu'ils ne font qu'en cette occasion & au Sacre.

---

## Du Sacre des Reines.

LEs Reines sont ordinairement sacrées à S. Denis. Quoique cette cérémonie soit moins auguste que celle

II. *Partie.* C

du Sacre du Roi, elle eſt cependant très-brillante, on en trouve des deſcriptions par tout ; je remarquerai ſeulement,

1°. Que l'onction & le couronnement ſe font comme au Sacre du Roi.

2°. Qu'il n'y a point d'introniſation ni de Médailles frapées pour le Sacre.

3°. Qu'à l'exception du Grand-Maître & du Grand-Chambellan , les Grands Officiers de la Couronne ne ſervent point au Sacre des Reines , non plus que les Pairs.

Marie de Médicis eſt la derniere des Reines de France , qui ait été ſacrée.

## Des ſurnoms & qualités des Enfans du Roi.

### De leurs Appanages.

**D**EPUIS la ceſſion du Dauphiné , les Fils aînés des Rois de France ont toujours été qualifiés *Dauphins de Viennois*, & en ont porté les Armes écartelées de celles de France. Le Dauphin, fils de Louis XIV. eſtle premier qui ait porté le nom de *Dau-phin de France.*

Au commencement de la troisiéme Race, les autres Enfans du Roi n'a-voient point d'autre titre que celui de fils de Roi ; mais surtout depuis 1581. ils se qualifient fils de France. Ce ti-tre est affecté aux seuls fils du Roi, & à ceux du Dauphin. Outre cela, ces Cadets portent le nom de leurs Appa-nages, & s'appellent Ducs d'Orleans, d'Anjou & de Berri, &c.

Aussi-tôt après leur naissance, le Roi envoye aux fils de France le Collier de l'Ordre du S. Esprit par un des Secre-taires d'Etat.

Les Appanages des fils de France ont été inconnus sous les deux premie-res Races, parce qu'alors les fils du Roi partageoient également la succession de leur pere. Delà sont venus les Royaumes de Paris, d'Orleans, &c.

Les Appanages ne commencerent donc que sur la troisiéme Race, lors-que les aînés succéderent à la Couron-ne, à l'exclusion de tous leurs cadets, sur quoi il faut distinguer trois temps.

1°. Depuis Hugues Capet jusqu'à Philippe-Auguste, les Appanages se donnerent en proprieté, & ne revinrent à la Couronne que par droit de succession, ou par acquisition. Ainsi le Roi Jean hérita du Duché de Bourgogne, donné à Robert, fils du Roi Robert; & Charles V. acheta en 1378. le Comté de Dreux, donné à Robert, fils de Louis le Gros, des filles ausquelles il étoit échû par succession.

2°. Depuis Louis VIII. fils de Philippe-Auguste jusqu'à Philippe le Bel, les Appanages ne se donnnerent plus qu'à condition de reversion à la Couronne au défaut d'héritiers ; mais ils passerent également aux filles comme aux garçons. Ainsi S. Louis ne réunit le Comté de Clermont à la Couronne en 1258. que parce qu'il ne restoit plus de descendans en ligne directe de Philippe, fiere de Louis VIII. à qui ce Comté avoit été donné.

3°. Enfin, depuis Philippe le Bel jusqu'à présent, on n'a donné des Appanages qu'à condition de reversion au défaut d'hoirs mâles : ils n'ont même consisté sous Louis XIII. & Louis XIV. que dans le Domaine utile, & le revenu annuel de certaines Terres, dont le Roi a toujours conservé la Souveraineté.

Observez encore que les acquisitions qui se font dans l'étenduë de l'Appanage, n'en font point partie ; qu'elles appartiennent aux héritiers mâles & femelles de l'Appanage, & ne font point sujets au droit de reversion.

Les filles des Rois font qualifiées filles de France, & on les appelle *Madame*, quoiqu'elles ne soient point mariées, mais on ne leur donne point d'appanage ; seulement en les mariant, on leur donnoit autrefois en dot des Terres considérables, mais Charles V. abolit cet usage, & depuis lui, les filles de France n'ont eu pour dot qu'une somme d'argent.

---

## De la Maison du Roi.

LA Maison du Roi est composée de Grands & de bas Officiers, & est l'abregé des Etats du Royaume : on y trouve, comme on va le voir, le Clergé, la Noblesse, & le Tiers-Etat.

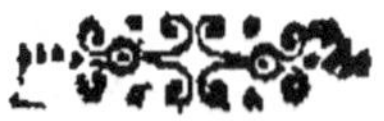

## Du Grand - Aumônier , & du Clergé de la Cour.

SOus la premiere Race, le premier Officier du Roi pour le Spirituel, s'appelloit *Apocrifiaire*. Il étoit Evêque de la Cour, tous les Ecclésiastiques relevoient de lui, il étoit Confesseur & Prédicateur du Roi, beniffoit les viandes avant le repas de Sa Majesté, & rendoit Graces lorsqu'il étoit fini.

Sous la seconde Race, les Rois ayant fait bâtir des Chapelles particulieres pour leur ufage, l'*Apocrifiaire* prit le nom d'*Archi Chapelain*, & fon Substitut celui de *fous-Chapelain*.

Sous la troisiéme Race, le nom de *Chapelain* étant devenu trop commun, parce qu'à l'exemple du Roi, tous les Seigneurs avoient des Chapelles particulieres & des Chapelains; l'*Archi-Chapelain* prit celui d'*Aumônier*, & fon Substitut celui de *Clerc de l'Aumône*, ou de *fous-Aumônier*.

On croit que ce changement arriva fous Louis VII. Sous Charles VIII.

l'Aumônier commença à prendre le titre de *Grand-Aumônier du Roi*. Enfin par son Edit de 1523. François I. ordonna que l'Aumônier auroit le titre de *Grand-Aumônier de France*, & le sous-Aumônier, celui de *Premier Aumônier*, & regla le Clergé de sa Cour, qui ne l'avoit point été jusqu'alors. Depuis ce temps-là, le Clergé de la Cour est divisé en trois ordres, à la tête desquels sont le Grand-Aumônier & le Premier Aumônier.

Dans le premier, sont les huit Aumôniers du Roi servant par quartier. Ils ont la qualité de *Conseillers du Roi*, & font toutes les fonctions du Grand & du Premier Aumônier en leur absence. Ils assistent aux Priéres du lever & du coucher du Roi; à sa Messe, où ils tiennent ses gands & son chapeau, & donnent à la fin l'Eau-benite à leurs Majestés; au dîner & au souper, pour benir les viandes, & dire Graces. Dans les Cérémonies ils portent le rochet sous le manteau.

Le second ordre est composé du Maître de l'Oratoire, qui a sous lui le Chapelain ordinaire, huit Chapelains, huit Clercs, le Clerc de la Chapelle ordinaire, créé en 1718. Le Sacriſtain créé en 1681. & deux Sommiers pour tranſporter les Ornemens de l'Oratoire à la ſuite du Roi.

Dans le troiſiéme ordre eſt le Maître de la Chapelle, qui prête le ſerment entre les mains du Grand-Maître de la Maiſon du Roi. Il a ſous ſa direction les Officiers de la Chapelle des grandes Meſſes, qui ſervent à l'Autel les grandes Fêtes, & la Muſique de la Chapelle.

---

## Du Grand-Maître de France.

LE Grand-Maître de la Maiſon du Roi a ſuccédé aux Maires du Palais ; avec cette différence, que celui-ci diſpoſoit des affaires du dehors & du dedans, au lieu que le Grand-Maître n'a d'inſpection que ſur le dedans.

Aux Maires du Palais ſuccederent ſous la ſeconde race les Grands-Sénéchaux, & à ceux-ci ſuccederent les Grands-Maîtres au commencement de la troiſiéme.

Autrefois le Grand-Maître de la Maiſon du Roi portoit le titre de *Grand*

& Souverain Maître de France, &
avoit un pouvoir beaucoup plus éten-
du qu'aujourd'hui. Il signoit les Edits
& les Chartres conjointement avec les
grands Officiers de la Couronne, avoit
inspection sur tous les Officiers du Roi,
distribuoit les logemens, & connoissoit
des différends nés à ce sujet, donnoit
le mot, gardoit les clefs de la Maison
du Roi, & avoit souveraine Justice sur
tous les crimes & excès qui s'y commettoient.

Aujourd'hui le Grand-Maître regle
la dépense de la bouche de la Maison
du Roi; il a Jurisdiction sur les sept
Offices, qui sont, 1°. le Gobelet,
2°. la Cuisine Bouche pour la personne du Roi; 3°. la Panneterie Commun; 4°. l'Echansonnerie Commun;
5°. la Cuisine Commun; 6°. la Frui-
terie, 7°. la Fouriere; Il donne la plûpart de ces Offices lorsqu'ils vaquent,
& reçoit le serment pour le Roi, de
ceux qui en sont pourvûs, & a sa table
particuliere.

Il reçoit encore le serment de fidélité du Maître de l'Oratoire, du Maître de la Chapelle, & des six Aumôniers du Commun, du premier Maî-

tre d'Hôtel , du Maître d'Hôtel ordinaire , des douze Maîtres d'Hôtel de
quartier , du Grand - Pannetier , du
Grand - Echanſon, du Grand-Ecuyer
Tranchant, des trente-ſix Gentilshommes ſervans , des Maîtres de la Chambre aux Deniers , des Controlleurs Généraux, des ſeize Controlleurs de quartier , du Grand-Maître , du Maître &
de l'Aide des Cérémonies , de l'Introducteur des Ambaſſadeurs , & du Secretaire à leur conduite , de l'Ecuyer
ordinaire du Roi, & des vingt Ecuyers
de quartier , des quatre Lieutenans des
Gardes de la Porte.

## Du Grand-Echanſon.

LE Grand-Echanſon de France a
ſuccédé aux fonctions , & non à
la puiſſance du Grand-Bouteillier , qui
étoit un des grands Officiers de la Couronne.

Le Grand-Echanſon n'eſt qualifié
dans les Etats de la Maiſon du Roi ,
que du titre de *premier Echanſon* ; il
n'a de rang & de fonction que dans les
grandes Cérémonies, comme au Sacre,

où il présente la Coupe au Roi. M.
André de Gironde, Comte de Buron,
Vicomte d'Embrief, &c. est pourvû
de cet Office.

***

## Du Grand-Pannetier.

AUTREFOIS le Grand-Pannetier de France étoit un des premiers Officiers de la Couronne, & exerçoit par son Lieutenant basse Justice sur tous les Boulangers de la Ville & Fauxbourgs de Paris.

Aujourd'hui le Grand-Pannetier n'est qualifié sur l'Etat que de premier Pannetier, & a 800. liv. d'appointemens; il a encore sa Jurisdiction au Palais, exercée par un Lieutenant, un Procureur du Roi, &c.

Tous les ans, le Dimanche qui suit l'Epiphanie, les Boulangers de Paris sont obligés de lui rendre hommage entre les mains de son Lieutenant. Les nouveaux Maîtres lui payent aussi le pot de Romarin.

Le Grand-Pannetier n'a de fonctions que dans les grandes Cérémonies, où il fait mettre le couvert, & sert le premier plat. Le jour de l'An & aux

quatre grandes Fêtes de l'année, on obferve encore chez le Roi une ancienne
coutume : Ces jours-là, pendant la
Meſſe du Roi, le Serdeau crie par trois
fois d'un balcon, ou du haut de l'efca-
lier, N. *Grand-Pannetier de France*,
au Couvert pour le Roi. M. le Duc
de Briſſac eſt actuellement Grand-
Pannetier de France.

*Du Grand-Ecuyer Tranchant.*

CET Officier étoit vraiſemblable-
ment Chef des Valets Tranchans
de la Maiſon du Roi : aujourd'hui il
n'a de fonction qu'aux grandes Cérémonies, où il fait celle de Gentilhomme ſervant, découvre les plats, en
fait l'eſſai, & les préſente au Roi. M.
le Marquis de la Chenaye eſt pourvû
de cet Office.

Le Grand-Ecuyer Tranchant n'eſt
qualifié ſur l'Etat, que premier Ecuyer
Tranchant.

## Du Bureau du Roi.

CE Bureau se tient sous l'autorité du Grand-Maître, les Mardis & Vendredis. Ceux qui y assistent, sont le premier Maître d'Hôtel, le Maître d'Hôtel ordinaire, les Maîtres d'Hôtel de quartier, les Maîtres de la Chambre aux Deniers, le Controlleur Général de semestre, le Controlleur ordinaire de la Bouche, les Controlleurs-Clercs de quartier, les Commis du Maître de la Chambre aux Deniers, & ceux du Controlleur Général.

Le premier Maître d'Hôtel a Jurisdiction pour le Service sur tous les Officiers des sept Offices, dont il reçoit le serment. Il tient la Table du Grand-Chambellan, dont il a la desserte. Lorsque le Roi a communié, il présente au Célébrant du vin dans la Coupe pour Sa Majesté, & présente en même temps la serviette au Roi pour l'essuyer. Enfin il conduit le matin le Bouillon du Roi, lorsque Sa Majesté en prend un, reçoit l'ordre du boire & du manger, & le donne ensuite aux

Officiers du Gobelet & de la bouche;
M. le Marquis de Livry est pourvû de
cette Charge.

Le Maître d'Hôtel ordinaire fait
toutes les fonctions du premier Maître
d'Hôtel en son absence ; & lorsqu'en
certaines occasions comme au Bal, à la
Comédie, le Roi fait collation sans se
mettre à table, c'est lui qui le sert. Il
fait aussi les honneurs de la Table du
Grand-Maître, & de celle du Capitaine des Gardes.

Les Maîtres d'Hôtel du Roi furent
fixés à douze en 1664. & servent trois
par quartier. Autrefois ils connoissoient
avec le Grand - Maître de toutes les
Causes concernant les Officiers de la
Maison du Roi, & des délits qui s'y
commettoient, mais cette Jurisdiction
fut supprimée en 1635. & attribuée aux
Maîtres des Requêtes.

Aujourd'hui ils conduisent le Bouillon du Roi, le dîner & le souper, les
Pains-benis, & portent alors un Bâton
de vermeil. Ils présentent aussi au Roi
la serviette mouillée pour se laver, &
ne cedent cet honneur qu'aux Princes
du Sang, ou aux Grands-Maîtres : ils
commandent sur les sept Offices , &

tiennent la table des Maîtres d'Hôtel, ou mangent à celle de l'ancien Grand-Maître.

Il y a trois Maîtres de la Chambre aux Deniers, ils ont foin des fonds deftinés à la dépenfe de bouche de la Maifon du Roi, payent les Officiers pour cette dépenfe, payent auffi les Livrées, & mangent à la table des Maîtres d'Hôtel, ou à celle de l'ancien Grand-Maître.

Les deux Controlleurs Généraux fervent par femeftre. Ils tiennent le cahier de toute la dépenfe de bouche qui fe fait chez le Roi, le font figner chaque mois au Grand-Maître; & après l'avoir enregiftré, en remettent l'original au Maître de la Chambre aux Deniers, pour payer les Officiers & les Marchands fur les extraits qu'ils leur en délivrent. Ils font auffi chargés de toute la vaiffelle d'or, d'argent & de vermeil, & mangent à la table des Maîtres d'Hôtel. Le Controlleur Général de femeftre conduit le Bouillon du Roi, & reçoit l'ordre comme les Maîtres d'Hôtel; lorfque le Roi mange en public, & que le Maître d'Hôtel ne porte pas le Bâton, le Controlleur

sert Sa Majesté en l'absence du premier
Maître d'Hôtel.

## Du Grand-Chambellan.

LA Charge de Grand-Chambellan de France a souvent été con-
fondue avec celle de Grand - Cham-
brier ; cependant elles sont très-diffé-
rentes.

Dans son origine, le Grand-Chambellan signoit toutes les Lettres &
Chartres de conséquence avec les autres Grands-Officiers de la Couronne.
Je n'entre point dans le détail de ses
autres droits, je remarquerai seulement
qu'il couchoit au pied du Lit du Roi,
lorsque la Reine n'y étoit point. Delà
vient que dans les grandes Cérémonies,
le Grand-Chambellan est assis aux pieds
du Roi ; il est le premier de la Chambre du Roi, & il en fait tout le service
lorsqu'il s'y trouve, & ne le cede qu'aux
Fils de France, ou aux Princes du
Sang.

Autrefois le Grand - Chambellan
avoit la table, & elle conserve encore
ce nom : c'est celle du premier Maître
d'Hôtel

d'Hôtel à qui elle a été cédée par Claude de Lorraine, Duc de Chevreuse. La Charge de Chambellan est possédée aujourd'hui par M. le Duc de Boüillon.

## Des Officiers de la Chambre du Roi.

LA Charge de Grand-Chambrier ayant été supprimée par François I. en 1545. les premiers Gentilshommes de la Chambre lui succederent. Ils sont quatre, servent par quartier, & exercent les fonctions du Grand-Chambellan en son absence. Ils ont outre cela, tout le détail de la Chambre du Roi, reçoivent le serment de tous les Officiers dont elle est composée, leur donnent des Certificats de service, donnent l'ordre aux Huissiers de la Chambre, & ordonnent de toute la dépense portée par les Etats de l'Argenterie & des Menus. Ce sont eux aussi, qui font faire pour le Roi tous les premiers habits de deüil, & les habits de masque, de Ballets, &c. Ils ont chacun six Pages de la Chambre.

Les premiers Gentilshommes de la Chambre ont sous eux,

Vingt-quatre Pages de la Chambre.

Quatre premiers Valets de Chambre ordinaires, qui servent par quartier, & couchent au pied du Lit du Roi.

Trente-deux Valets de Chambre servant par quartier. Avant François I. ils devoient être Gentilshommes.

Douze Porte-Manteau servant par quartier.

Un Porte-Manteau ordinaire.

Deux Porte-Arquebuse servant par semestre.

Un Porte-Mail ordinaire & Valet de Chambre du Roi.

Huit Barbiers Valets de Chambre, servant par quartier.

Un Barbier ordinaire.

Un Chirurgien ordinaire, Opérateur pour les Dents.

Huit Tapissiers servant par quartier.

Trois Horlogers.

Trois Renoueurs.

Un Opérateur pour la Pierre.

Six Garçons ordinaires de la Chambre.

Deux Porte-Chaises d'Affaires.

Un Porte-Table.

Un Froteur ordinaire de la Chambre & des Cabinets.

Neuf Porte - Meubles de la Chambre & Garderobe, fervant par quartier.

Un Capitaine des Mulets pour porter les coffres de la Chambre & de la Garderobe.

Il y a encore les Peintres, les Sculpteurs, les Vitriers, &c. Les Equipages des Levrettes & Levriers de la Chambre du Vol pour les champs, & du Vol pour Pie, la Mufique de la Chambre, & vingt-fix Gentilshommes ordinaires, établis par Henri III.

---

## Des Officiers de la Garderobe.

A La tête eft le Grand-Maître de la Garderobe : fa Charge eft nouvelle, & n'a été créée qu'en 1669. M. le Duc de la Rochefoucault en eft aujourd'hui pourvû. Il fait les fonctions du Chambellan & du premier Gentilhomme de la Chambre en leur abfence, a foin des Habits, du Linge & de la Chauffure du Roi, & fait faire les Habits ordinaires de Sa Majesté lorſqu'elle s'habille. Il lui met la Camiſolle, le Cordon-Bleu & le Juſte-au-Corps, le Bonnet & le Mouchoir de nuit. Dans les jours de Cérémonie, il met au Roi le Manteau & le Collier de l'Ordre.

Le Grand-Maître de la Garderobe a ſous lui,

Deux Maîtres de la Garderobe qui ſervent par année. Ils font les fonctions du Grand-Maître en ſon abſence.

Outre cela, ils préſentent au Roi la Cravatte, le Mouchoir, les Gands, la Canne & le Chapeau quand il s'habille. Ils lui préſentent les Poches de l'Habit qu'il quitte, quand il veut les vuider dans celles de l'Habit qu'il prend. Ils reçoivent ſes Gands, ſa Canne, ſon Epée & ſon Chapeau, quand il ſort le ſoir de ſon Cabinet, & qu'il ſe déshabille, ils tirent le Juſte-au-Corps, la Veſte & le Cordon-Bleu, & reçoivent la Cravatte.

Quatre premiers Valets de la Garderob. ſervant par quartier.

Seize Valets de Garderobe ſervant par quartier.

Un Porte-Malle.

Quatre Garçons ordinaires de la
Garderobe.

Trois Tailleurs Chauffetiers & Valets de Chambre.

Un Empeseur ordinaire.

Deux Lavandiers du Linge du
Corps.

---

## Des Officiers de Santé.

SOUS ce titre, sont compris les
Médecins, les Chirurgiens & les
Apoticaires du Roi.

Le premier Médecin du Roi a le titre de Comte, & annoblit ses descendans. Il a aussi un Brevet de Conseiller d'Etat, en prend la qualité, & en
touche les appointemens. Il est à la tête de tous les Médecins du Royaume,
& il a la Surintendance de toutes les
Eaux Minérales. Il entre tous les jours
dans la Chambre du Roi lorsqu'il est
encore au lit, & en certaines occasions
il donne l'ordre à la bouche.

Il y a outre cela un Médecin ordinaire, qui fait les fonctions du premier Médecin en son absence, & huit
Médecins servant par quartier. Les

ûns & les autres doivent se trouver au Lever, au Coucher, & aux Repas du Roi.

Le premier Chirurgien prend la qualité de *Conseiller du Roi*, & est le Chef & Garde des Privileges de la Chirurgie & Barberie du Royaume. Il a deux Lieutenans, un pour la Ville & Fauxbourgs de Paris, & l'autre pour la Prévôté & Vicomté.

Il a sous lui un Chirurgien ordinaire, & huit Chirurgiens servant par quartier, qui ont le Privilege de tenir Boutique à Paris, ou de la faire tenir par qui bon leur semble. Non-seulement ils doivent assister au Lever, au Coucher & aux Repas du Roi, mais ils sont encore obligés de le suivre à la Chasse & en Voyage.

Il y a quatre Apoticaires Chefs, & quatre Aides, tous servant par quartier, ils prêtent serment entre les mains du premier Médecin, & jouissent des mêmes Privileges que les Chirurgiens.

## Des Officiers du Cabinet.

PAR ce terme, on n'entend ici ni le *Cabinet des Livres*, ni celui des *Médailles*, mais celui qui fait partie de l'Appartement du Roi. Il y tient ordinairement ses Conseils & les Chapitres de ses Ordres, y reçoit les sermens de fidélité, excepté des Evêques, qui le prêtent à la Chapelle, les Complimens, &c.

Il y a deux Huissiers du Cabinet, qui prennent la qualité d'*Ecuyers*, de même que ceux de la Chambre ; ils gardent la porte du Cabinet, & sçavent qui ils doivent y laisser entrer ; gardent les Gands, l'Epée & le Chapeau de ceux qui y prêtent serment, & avertissent pour le Conseil lorsqu'il doit s'y tenir : mais lorsque le Roi y tient le Chapitre de l'Ordre, c'est l'Huissier de l'Ordre qui a la clef, & garde la porte du Cabinet.

Outre ces deux Officiers, il y a encore quarre Secretaires de la Chambre & du Cabinet, qui prennent le titre de *Conseillers du Roi*, & servent pour les dépêches particulieres de Sa Majesté.

Deux Lecteurs ordinaires de la Chambre & du Cabinet.

Un Capitaine général des Fauconniers du Roi, qui ne releve point du Grand-Fauconnier, prend l'ordre du Roi, nomme à toutes les Charges de ses quatre Vols, & a le choix de tous les Oiseaux, dont on fait présent au Roi : il a aussi l'honneur de présenter les têtes à Sa Majesté.

Plusieurs Interprétes pour les Langues, & plusieurs Couriers, qui servent auprès des Ministres.

## Des Officiers des Bâtimens.

CE u x qui ont l'inspection & direction des Bâtimens & Maisons du Roi, ont porté le titre, tantôt de *Surintendans & Ordonnateurs généraux*, tantôt de *Directeurs généraux* des Bâtimens, Jardins, Arts & Manufactures du Roi.

En 1716. le Roi ajouta à cette Charge en faveur du Duc d'Antin qui la possédoit, la Direction des Imprimeries Royales, de la Monnoyé des Médailles, de l'Observatoire, & de tou-

tes les Académies Royales, excepté celle
des Sciences , mais à fa mort cela a
changé.

Le Surintendant ou Directeur des
Bâtimens a fous lui,

Un premier Architecte.

Un Architecte ordinaire.

Trois Ordonnateurs & Intendans
des Bâtimens fervant par année.

Un Intendant de la conduite & du
mouvement dés Eaux.

Un Intendant des Devifes & Infcriptions des Bâtimens Royaux.

Un premier Commis de la Surintendance , qui a la garde des Regiftres
& des Papiers.

---

## Du Grand-Maréchal des Logis.

SOUS la premiere Race, cet Officier s'appelloit *Manfionarius* , &
dépendoit des Maires du Palais, ou des
Grands-Sénéchaux ; aujourd'hui il releve immédiatement du Roi, entre les
mains duquel il prête le ferment, &
de qui il reçoit les ordres. Il a foin de
loger le Roi & fa Maifon, & reçoit le
ferment des Maréchaux des Logis &
des Fouriers, mais leurs Charges dé-

*II. Partie.*                               E

pendent du Roi qui y pourvoit. Le Grand-Maréchal des Logis a sous lui,

Douze Maréchaux des Logis,

Quarante-huit Fouriers.

Les uns & les autres servent par quartiers ; anciennement ils s'appelloient *Métatores*. Les Maréchaux des Logis sont du corps de la Gendarmerie, parce qu'ils ont été tirées des anciennes Compagnies des Gendarmes du Roi. Ils étoient aussi autrefois Maréchaux des Logis des Camps & Armées du Roi ; mais ces Charges furent séparées sous Louis XIII.

## Du Grand Ecuyer, & des Ecuries.

AUTREFOIS le Grand Ecuyer servoit sous le Connétable & les Maréchaux, & s'appelloit *Maître de l'Ecurie du Roi*. Lorsqu'on eut donné au Connétable & aux Maréchaux le Commandement des Armées, le Maître de l'Ecurie en eut la Surintendance. Ils étoient alors quatre Ecuyers, & de ces quatre celui qui étoit pour le Corps, prenoit seul le titre de Maître de l'E-

curie. En 1699. il prit la qualité de
Grand-Maître de l'Ecurie du Roi, &
on lui donna celle de Grand Ecuyer
sous Louis XII. on le nomme simple-
ment M. le Grand.

Le Grand Ecuyer prête serment entre les mains du Roi, & a la disposi-
tion de toutes les Charges, & des fonds
de la grande Ecurie. Il ordonne aussi
toute la Livrée du Roi, & personne ne
peut la porter sans sa permission. Dans
les grandes cérémonies il porte l'Epée
Royale dans le foureau, il la met aussi
au deux côtés de l'Ecu de ses Armes.
Le Prince Charles de Lorraine est aujourd'hui Grand Ecuyer de France. Il
a sous lui

Le premier Ecuyer de la grande
Ecurie qui y commande en son absence.

Trois Ecuyers ordinaires,

Trois Ecuyers Cavalcadours,

Un Gouverneur des Pages.

Un Précepteur.

Un Aumônier.

Les Pages de la grande Ecurie, &
les Maîtres d'exercices nécessaires pour
les instruire.

Les Chevaux de guerre & de manè-
ge sont à la grande Ecurie.

La petite Ecurie est un démembrement de la grande, celui qui y commande s'appelle premier Ecuyer du
Roi, différent du premier Ecuyer de
la grande Ecurie; on l'appelle aussi sim-
plement *M. le Premier.* Il a sous lui

Plusieurs Ecuyers.

Un Gouverneur des Pages.

Un Précepteur.

Un Aumônier.

Les Pages de la petite Ecurie.

Les Pages de la grande Ecurie &
de la petite Ecurie, servent à l'Armée
d'Aides de Camp de Sa Majesté.

---

## Des Officiers de la Venerie.

LEs Charges de la Venerie sont
anciennes & considérables. Sous
Charlemagne, les quatre principaux
Veneurs étoient grands Officiers de la
Couronne.

Dans la suite il n'y eut qu'un Maître Veneur, qui, à ce qu'on croit sous
le Régne de Charles VI. prit le titre
de *Grand Veneur de France.*

Cet Officier commande à tous les
Officiers de la Venerie, & dispose de

presque toutes leurs Charges. Il prête
serment entre les mains du Roi, & a
sous lui,

Un Lieutenant ordinaire de la Venerie.

Quatre Lieutenans servant par quartier, mais le Roi les dispense du service, choisit à leur place quelques Gentilshommes pour courre le Cerf,

Un Lieutenant des Chasses pour la
conservation des Bêtes fauves & du Gi-
bier.

Quatre sous-Lieutenans de la Venerie servant par quartier.

Un sous-Lieutenant pour la conservation des Bêtes fauves.

Six Gentilshommes de la Venerie.

Plusieurs bas Officiers, Piqueurs,
Valets de Chiens, &c.

Le Roi a encore un Equipage pour
le Chevreüil, un pour le Sanglier, un
pour le Daim, les Chiens d'Ecosse pour
le Liévre, les Lévriers de campagne, &c.

La Charge de Grand-Louvetier n'est
ni fort ancienne, ni fort moderne, puisqu'il y avoit un Grand-Louvetier de
France sous Charles VII. Il prête ser-

ment entre les mains du Roi, & commande à tous les Officiers de la Louveterie ; il a même des Lieutenans dans quelques Provinces.

Sous la seconde race, le Grand-Fauconnier n'avoit que le titre de *Fauconnier*. Ce fut sous Charles VI. qu'il prit celui de *Grand-Fauconnier de France*. Il prête serment entre les mains du Roi, commande à tous les Officiers de la Fauconnerie, & pourvoit à leurs Charges. Il a sous lui,

Deux Vols pour le Milan.

Un pour le Heron.

Deux pour la Corneille.

Deux pour les Champs, c'est-à-dire, pour la Perdrix. Chacun de ces Vols a un Chef & un Lieutenant ; mais le Vol pour Pie, n'a qu'un Chef & deux Piqueurs.

---

## Du Grand-Maître, du Maître, & de l'Aide des Cérémonies.

LA Charge de Grand-Maître des Cérémonies fut créée en 1585. par Henri III. Les deux autres l'ont été depuis. Ces trois Officiers prêtent

ferment entre les mains du Grand-
Maître de la Maison du Roi, & ils af-
fistent à toutes les occasions d'éclat, où
ils reglent les rangs & les cérémonies.

Le Grand-Maître & le Maître exercent en concurrence les mêmes fonctions, ils font assis, & marchent sur
la même ligne. Lorsqu'ils portent les
Ordres du Roi aux Cours supérieures,
ils prennent place entre les deux derniers Conseillers, parlent assis & couverts, l'Epée au côté & le Bâton de
Commandement à la main. Ce Bâton
est couvert de velours noir, le bout &
le pomeau font d'yvoire.

L'Aide des Cérémonies reçoit l'ordre du Grand-Maître & du Maître, &
marche devant eux.

---

## Des Introducteurs des Ambassadeurs.

LEUR Charge est nouvelle en
France, & n'a été créée que vers
la fin du dernier siécle. Ils font deux,
& servent par semestre. Ils prétent ferment entre les mains du Grand-Maître de la Maison du Roi, mais pour
l'exercice de leurs fonctions, ils ne

prennent l'ordre que du Roi. Ce font eux qui conduifent les Miniftres Etrangers à l'Audience du Roi, de la Reine, du Dauphin, des fils de France, & des Princes & Princeffes du Sang.

Il y a auffi un Secretaire à la conduite des Ambaffadeurs, qui fert toute l'année.

## De la Garde du Roi.

GONTRAN, Roi d'Orleans, eft le premier des Rois de France, qui ait pris une Garde pour la fureté de fa perfonne. Plufieurs de fes Succeffeurs l'ont imité fous la feconde & la troifiéme Race; mais on ne trouve rien de fixe à ce fujet jufqu'à Charles VII. qui en 1455. inftitua la Compagnie des Gardes Ecoffoifes. En 1474. Louis XI. inftitua la Compagnie des Cent Gentilshommes au bec de Corbin. En 1476. le même Prince créa pour fa Garde une Compagnie d'Archers, & une feconde en 1479. Ce font les deux premieres Compagnies Françoifes des Gardes du Corps. Enfin en 1516. François I. créa la troifiéme Compagnie.

Aujourd'hui on divise la Garde du Roi, en Garde du dedans du Louvre, & en Garde du dehors.

La Garde du dedans est composée

Des Gardes du Corps,

Des Cent Suisses de la Garde.

Des Gardes de la Porte.

Des Gardes ou Archers de la Prévôté de l'Hôtel.

La Garde du dehors comprend

Les Gendarmes de la Garde.

Les Chevaux - Legers

Les Gardes Françoises.

Les Gardes Suisses.

On vient de voir l'origine des Gardes du Corps, ils sont distribués en quatre Compagnies, dont la premiere & la plus ancienne est la Compagnie Ecossoise, parce que dans son origine & long-temps après, elle n'étoit composée que d'Ecossois. Aujourd'hui on n'y reçoit que des François.

Chaque Compagnie est composée de dix Brigades, & commandée par un Capitaine. Il prête serment entre les mains du Roi, l'épée au côté, reçoit celui des Officiers & des Gardes nouvellement reçus dans sa Compagnie; & lorsqu'il est de quartier, il ne quitte

jamais le Roi depuis son lever jusqu'à son coucher , & garde les clefs
du lieu où Sa Majesté repose. Il reçoit
aussi les Ambassadeurs à la porte de la
Salle des Gardes pour les conduire à
l'Audience du Roi ; & après l'Audience , il les reconduit jusqu'au même endroit.

Chaque Capitaine des Gardes a sous
lui trois Lieutenans, trois Enseignes ,
douze Exempts , les uns & les autres
servent par quartier, & un Aide-Major.

Outre cela , il y a pour les quatre
Compagnies un Major, qui a rang de
Lieutenant du jour qu'il est reçu , &
deux Aides-Majors. Ces trois Officiers
servent toute l'année.

Les Gardes du Corps font toujours
garde devant l'anti-Chambre du Roi ,
& jour & nuit il y en a un en sentinelle
à la porte de la Salle des Gardes. A six
heures du soir , lorsqu'on releve les
Gardes de la Porte , une Sentinelle
Ecossoise prend leur place jusqu'au coucher du Roi, & est relevée d'heure en
heure. Lorsque le Roi est couché , un
Brigadier releve la Sentinelle Ecossoise par une Françoise , qui est aussi relevée d'heure en heure jusqu'à six heu-

res du matin. Les Gardes couchent tous dans leur Salle, & gardent les clefs de la principale porte du Logis du Roi, depuis six heures du soir, jusqu'à six heures du matin.

Il y a dans la Compagnie Ecossoise vingt-cinq Gentilshommes qu'on nomme *Gardes de la Manche*, & du nombre desquels est le premier homme d'Armes de France. Dans toutes les Cérémonies ordinaires, où la Religion entre, comme la Messe, le Sermon, les Processions, &c. deux de ces Gardes couverts de leur Hoqueton-blanc en broderie, & leur pertuisanne à la main, se tiennent aux côtés du Roi, & ne le perdent jamais de vûë. Dans les Cérémonies extraordinaires ils sont six.

La Compagnie des Cent Suisses de la Garde fut instituée par Charles VIII. en 1496. Elle est composée de cent hommes, quatre-vingt-seize Gardes, trois Tambours & un Fifre, & divisée en six Escouades de seize hommes chacune.

Les Officiers de cette Compagnie sont un Capitaine-Colonel, qui prête serment entre les mains du Roi, reçoit celui des Officiers de fa Compagnie ; & leur donne des Provisions fcellées du fçeau de fes Armes.

Deux Lieutenans, qui feuls ont leurs Provisions au-grand fceau.

Deux Enfeignes, un François & un Suiffe.

Huit Exempts, quatre François & quatre Suiffes.

Quatre Fouriers fervant par quartier, de même que les Exempts.

Des deux Lieutenans dont l'un eft François, & l'autre Suiffe ; le premier eft le moins ancien, n'ayant été créé qu'en 1578. Cependant Louis XIV. lui a accordé la préféance, & le commandement en l'abfence du Capitaine-Colonel. D'un autre côté, le Lieutenant Suiffe a confervé le droit d'être feul Juge fans appel de la Compagnie, tant au Civil qu'au Criminel : fa Jurifdiction s'étend même fur les Compagnies Suiffes des fils & petits-fils de France.

On ignore l'origine de la Compagnie des Gardes de la Porte. Elle eft compofée de cinquante Gardes fervant par quartier ; treize aux quartiers de Janvier & d'Avril, & douze à chacun des deux autres. Ils montent la Garde tous les jours à six heures du matin, & sont relevés à six heures du soir par les Gardes du Corps.

Les Officiers de cette Compagnie sont,

Un Capitaine, qui prête serment entre les mains du Roi, & dispose de toutes les Places & Charges de sa Compagnie. Il sert toute l'année, porte le Bâton, & accompagne le Roi par tout,

Quatre Lieutenans servant par quartier. Ils tiennent leurs Provisions du Roi, mais ils prêtent serment entre les mains du Grand-Maître de sa Maison.

La Compagnie des Gardes de la Prévôté de l'Hôtel est composée de quatre-vingt-huit Gardes, sans compter les deux qui servent auprès du Chancelier ou du Garde des Sceaux.

Elle est commandée par le Grand-Prévôt de l'Hôtel, qui est aussi Grand-Prévôt de France. Il prête serment entre les mains du Roi, nomme à toutes les Charges de sa Compagnie, a séance au Grand-Conseil en qualité de Conseiller d'Etat, & rend justice, tant au Civil qu'au Criminel, à tous les Offi-

ciers du Roi, & à ceux qui suivent la
Cour.

Il a sous lui,

Deux Lieutenans généraux de Ro-
be-Longue.

Un Lieutenant général de Robe-
Courte.

Un Lieutenant servant auprès du
Chancelier.

Quatre Lieutenans servant par quartier.

Douze Exempts.

Un Greffier en Chef.

Deux Commis au Greffe, pour informer sous les Lieutenans de Robe-
Courte.

Selon l'Edit de 1560. les Lieutenans
de Robe-Courte doivent se tenir aux
environs du Louvre & des cours, avec
leurs Exempts & Archers, pour empê-
cher les désordres, chasser les Vagabonds, & entretenir les Avenuës sures.
Ils peuvent informer & juger, mais il
ne leur est pas permis de décreter. Cet
Office appartient au Lieutenant de Robe-Courte.

La Charge de Prévôt de l'Hôtel, a
été démembrée de celle de Grand-
Maître à qui appartenoit la Jurisdic-

tion que celui-là exerce aujourd'hui. Ce démembrement est ancien, mais on en ignore l'époque.

A l'égard de la Charge de Grand-Prévôt de France, on ne la croit pas plus ancienne que Charles IX. Henri III. la réunit en 1578. à celle de Prévôt de l'Hôtel.

La Compagnie des Gendarmes de la Garde fut instituée pour le Dauphin par Henri IV. & ne devint Compagnie de la Garde que sous Louis XIII. Elle est composée de deux cent Maîtres qui servent par quartier.

Le Roi en est le Capitaine. Les Officiers sont, un Capitaine-Lieutenant, deux Capitaines-sous-Lieutenans, trois Enseignes, trois Guidons, dix Maréchaux des Logis, huit Brigadiers, huit sous-Brigadiers, un Major, & quatre Aides-Majors.

La Compagnie des Chevaux-Legers fut aussi établie par Henri IV. & est composée de même de deux cent Maîtres, qui servent par quartier.

Le Roi en est Capitaine, & elle a un Capitaine-Lieutenant, deux sous-Lieutenans, dix Maréchaux des Logis, huit Brigadiers, huit sous-Brigadiers, un Major, & quatre Aides-Majors.

Je parlerai ailleurs des deux Régimens des Gardes Françoises & Suisses.

Le Corps des Mousquetaires consiste en deux Compagnies. La premiere est des Mousquetaires Gris, & monte des Chevaux gris. Elle fut créé en 1622. cassée en 1646. & rétablie en 1647. La seconde, qui fut établie en 1660. est des Mousquetaires Noirs, & monte des Chevaux de cette couleur.

Chaque Compagnie est de deux cent cinquante hommes, & a le Roi pour Capitaine, un Capitaine-Lieutenant, deux sous-Lieutenans, deux Enseignes, deux Cornettes, huit Maréchaux des Logis, quatre Brigadiers, seize sous-Brigadiers.

J'ai dit que la Compagnie des Cent Gentilshommes au bec de Corbin, fut instituée par Louis XI. Ils sont aujourd'hui deux cent sans avoir changé de nom. Dans les grandes Cérémonies ils marchent deux à deux devant le Roi l'épée au côté, & le bec de Corbin, ou faucon à la main. Ils ont un Capitaine, un Lieutenant & une Enseigne.

Avant que de finir ce qui regarde la
Maison

Maison du Roi, on doit obferver, qu'autrefois ce n'étoient que de fimples Commiffions, dont ceux qui en étoient pourvûs, étoient deftituables à volonté : aujourd'hui elles font à vie, & ceux qui les exercent, n'en peuvent être dépoffédés, qu'en leur permettant de les vendre. Ces Charges périffent par la mort de l'Officier, s'il n'en a obtenu la furvivance, mais non par la mort du Roi, parce que, comme j'ai dit, le Roi ne meurt point.

---

## Du Lever & du Coucher du Roi.

UNE heure avant celle que le Roi a marquée pour fon Lever, le Valet de Chambre qui eft de quartier, fe leve, & les Garçons de la Chambre ouvrent les volets des fenêtres, ôtent le mortier, la bougie & la collation de nuit, enlevent le lit du premier Valet de Chambre, & vont avertir le Grand-Chambellan, le premier Gentilhomme de la Chambre, & à la Bouche & au Gobelet.

A l'heure du réveil, le premier Valet de Chambre refte feul, s'approch du Lit du Roi, & dit, Sire, *voilà l'heure*. Alors les Garçons de la Chambre rentrent, & l'un d'eux prend possession de la porte, & ne laissent passer que ceux qui ont les petites Entrées. Ces personnes ont ce droit ou par leur naissance, comme les fils & petits-fils de France ; ou par leurs emplois, comme le Grand - Chambellan, les premiers Gentilshommes de la Chambre, les Officiers de la Garderobe qui font de service, le premier Médecin, & le premier Chirurgien ; ou par un Privilege que le Roi leur a accordé.

Le Roi étant encore dans son Lit, le premier Valet de Chambre lui verse sur les mains de l'esprit-de-vin. Ensuite le Grand-Chambellan, ou en son absence le premier Gentilhomme de la Chambre, présente le Benitier au Roi, qui prend de l'Eau-benite, & fait quelques Priéres.

Le Roi sortant du Lit, le premier Valet de Chambre lui chausse les Pentoufles, & le Grand-Chambellan, ou le premier Gentilhomme de la Chambre lui met la Robe de chambre. Le Roi prend de l'Eau - benite , & va au fauteuil où il doit s'habiller. Dès

qu'il eſt ſorti du Baluſtre, un Valet de
Chambre va prendre ſur le fauteuil qui
eſt au chevet du Lit, la Culote & l'E-
pée du Roi, & alors commence le petit Lever.

Le Grand-Chambellan, le premier
Gentilhomme de la Chambre, ou à
leur défaut, le Barbier ôte le Bonnet
de nuit du Roi qu'il donne à un Valet
de Garderobe; enſuite un des Barbiers
peigne le Roi, tandis que le premier
Valet de Chambre lui tient le miroir.
Vers ce temps-là, le Roi demande ſa
premiere Entrée. Le premier Gentilhomme répete l'ordre, & le Garçon de
la Chambre qui garde la porte, laiſſe
entrer ceux qui ont ce droit, ou par
Brevet d'Entrée, ou par leurs Charges,
comme les Lecteurs de la Chambre,
les Secretaires du Cabinet, les Intendans & Controlleurs de l'Argenterie,
les premiers Valets de Garderobe hors
de quartier.

Auſſi-tôt que le Roi eſt peigné, il
demande ſa Chambre. Alors les Huiſſiers de la Chambre prennent poſſeſ-
ſion de la porte, & tous les Officiers
de la Chambre entrent. Un des Huiſſiers dit au premier Gentilhomme les

noms des Seigneurs qui sont à la porte, le premier Gentilhomme les dit au Roi, qui ordonne qu'on fasse entrer. L'Huissier porte l'ordre à la porte, & alors commencent les grandes Entrées.

On apporte la Chemise, couverte d'un taffetas blanc. Elle se donne au Roi avec les mêmes cérémonies que la serviette. Le premier Valet de Chambre en tient la manche droite, & le premier Valet de Garderobe la gauche. Le Roi se leve de son fauteuil, & le Maître de la Garderobe lui aide à relever sa culote. Si le Roi porte une camisole, le Grand-Maître de la Garderobe la lui met : il lui agrafe l'Epée, lui passe la veste, lui met le Cordon-Bleu pardessus, & lui aide à vêtir le Juste-au-Corps. Le Maître de la Garderobe présente ensuite au Roi sur une soûcoupe de vermeil trois Mouchoirs, & lui donne ses Gands, son Chapeau & sa Canne.

Le Roi étant habillé, passe à sa ruelle de son Lit, prend de l'Eau-benite, & fait sa Priére, après laquelle le Grand-Aumônier, ou un Aumônier de quartier, récite à basse voix l'Oraison pour le Roi ; Sa Majesté se leve enfuite, reprend de l'Eau-benite, paffe dans fon Cabinet, où elle donne fes ordres pour la Meffe, pour fon Dîner, &c. C'eft en allant à la Meffe, que le Roi donne l'ordre aux Gendârmes, aux Chevaux-Legers & aux Moufquetai-res. Paffons au Coucher.

Le Roi fortant de fon Cabinet, re-met fon Chapeau, fa Canne & fes Gands au Maître de la Garderobe, qui les donne à un Valet de la Garderobe, avec l'Epée & le Ceinturon qui font portés à la Toilette. Enfuite le Roi va faire fes Priéres comme le matin : l'Aumônier de quartier lui tient le bou-geoir, & dit à la fin l'Oraifon pour le Roi. Après fa Priére, le Roi prend de l'Eau-benîte, remet fa Montre & fes Reliques au premier Valet de Chambre, qui prend auffi le bougeoir, va à fon fauteuil, nomme au Cham-bellan, ou au premier Gentilhomme, le Seigneur à qui il veut donner le Bougeoir, fe déboutonne, & dégage fon Cordon-Bleu. Le Maître de la Garderobe lui ôte la Vefte & le Jufte-au-Corps, reçoit de fes mains la Cra-vatte, & remet le tout aux Officiers de la Garderobe.

Enfuite le Roi étant dans fon fauteuil, le premier Valet de Chambre à droite, & le premier Valet de Garderobe à gauche, lui défont les Jarretieres & le déchauffent. Les deux Pages de la Chambre du jour lui donnent les Pantoufles, & un Valet de Chambre enveloppe la Culote dans une Toilette de taffetas rouge qu'il porte avec l'Epée fur le fauteuil qui eft à la ruelle du Lit. Le Roi prend fa Chemife de nuit des mains du Chambellan, ou du premier Gentilhomme, qui lui préfente auffi les Reliques qu'il paffe en baudrier fur fa Chemife. Enfuite le Roi ayant mis fa Robe de chambre, fait une révérence, & les Huiffiers de la Chambre crient : *Allons, Meffieurs, paffés.* Ceux qui doivent prendre l'ordre du Roi, le reçoivent, & la Cour fe retire ; ainfi finit le grand Coucher. Il ne refte au petit, que ceux qui ont les petites & les premieres Entrées.

Le Roi étant affis fur un pliant proche de la Baluftrade, un Valet de Garderobe préfente fur une foûcoupe un Bonnet de nuit, & deux Mouchoirs au Maître de la Garderobe, qui les donne au Roi. Le Grand-Chambellan, ou le premier Gentilhomme, lui présente aussi entre deux assiettes de vermeil, une serviette moüillée par un bout, pour se laver les mains & le visage. Enfin le Roi donne l'ordre pour son Lever & son Habit du lendemain, & tout le monde sort, excepté le premier Valet de Chambre, & les Garçons de la Chambre qui bassinent & préparent son Lit, & celui du premier Valet de Chambre ; ensuite le Roi se couche, & les Garçons de la Chambre allument le Mortier & la Bougie dans un coin de la Chambre, où ils brûlent toute la nuit, & sortent. Le premier Valet de Chambre tire les rideaux du Lit du Roi, ferme les portes de la Chambre en-dedans, & se couche.

## Du Dîner & du Souper du Roi en public.

L'Hurssier de la Salle ayant reçu l'ordre pour le Couvert, va fraper de sa baguette à la porte de la Salle des Gardes, & crie : *Messieurs, au Couvert du Roi.* & se rend avec un Garde au Gobelet. Le Chef de Gobelet, suivit du Garde, qui ne le quitte plus, apporte la Nef; les autres Officiers apportent le reste, précédés de l'Huissier de la Salle. Le Couvert étant mis, le Maître d'Hôtel portant son Bâton, & précédé de l'Huissier, va avertir le Roi qu'on a servi; Sa Majesté étant arrivée, prend la serviette moüillée, qui lui est présentée par le Maître d'Hôtel, & à son défaut par le Gentilhomme ordinaire.

Personne ne mange ordinairement avec le Roi, si ce n'est les Reines & les Enfans de France, s'il y en a. Dans quelques occasions extraordinaires, le Roi admet aussi à sa Table les Princes & Princesses de son Sang. Enfin dans certaines Fêtes, il nomme un nombre de Dames de la Cour pour manger avec lui, mais les Seigneurs n'ont jamais cet honneur, si ce n'est à l'Armée.

## Du Dîner & du Souper du Roi à son petit Couvert.

LE Couvert étant mis, le Chef de Gobelet de jour, & un autre, portent la Table devant le Roi. Là,

le Chef de jour présente la serviette
mouïllée au Chambellan, au premier
Gentilhomme, au Grand - Maître,
ou au Maître de la Garderobe ; & celui de ces Officiers qui l'a reçuë, la
remet au premier des Princes du Sang
qui font présens, pour la présenter au
Roi. S'il ne se trouve au Couvert aucun Prince du Sang, ni aucun des
grands Officiers qu'on vient de nommer, le Chef de jour présente lui-
même la serviette. Il donne aussi pendant le repas les assiettes au Chambellan ou au premier Gentilhomme,
s'ils s'y trouvent, pour servir le Roi.

## Des Entrevûës des Rois,

CE s Cérémonies font rares, & les
Historiens en ont décrit quelques
unes, telle que l'Entrevûë de Louis
XIV. & de Philippe IV. Roi d'Espagne, sur la riviere de Bidassoa. On
peut les consulter.

*II. Partie,*  G

## Des Proclamations des Rois.

CETTE Cérémonie n'eſt guéres plus fréquente que la précédente, Cependant il y en a eu deux en France ſous le Regne de Louis XIV. La premiere en 1645. lorſque Ladiſlas Roi de Pologne, épouſa à Paris par Procureur, Louiſe-Marie de Gonzague. La ſeconde en 1700. lorſque Philippe V. Duc d'Anjou, fut déclaré Roi d'Eſpagne à Verſailles. Dans ces occaſions, le Roi traite le nouveau Souverain comme frere, le fait aſſeoir au même rang, & lui donne la droite.

## Des Sermens ſolemnels.

CETTE matiere n'eſt pas ſujette à de grandes Cérémonies. Lorſqu'un Traité de Paix ou de Tréve a été conclu, le Roi le ſigne, & le fait ſigner par un Secretaire d'Etat. On fait enſuite l'échange du Traité, c'eſt-à-dire que le Roi en donne un ſigné de ſ main, & en reçoit un ſigné du Princ

avec lequel il traite ; il est ensuite en-
registré à la Chambre des Comptes.

Le renouvellement de l'Alliance
avec les Suisses, a quelque chose de plus
solemnel. On peut voir dans les Auteurs ce qui se fit à ce sujet sous Henri
IV. & Louis XIV.

## Des Entrées & Audiences des Ambassadeurs.

IL y a des Ambassadeurs Ordinaires & Extraordinaires. L'usage des
Ambassadeurs Ordinaires n'a pas plus
de 200. ans d'antiquité : mais les uns
& les autres jouissent des mêmes Privileges.

Ce n'est que depuis la fin du dernier
siécle, qu'on donne en France le titre
d'*Excellence* aux Ambassadeurs & à
leurs femmes. Entre eux ils se traitent
aussi d'*Excellence* ; mais ceux de France ont d'abord refusé ce titre à ceux des
Provinces-Unies.

Les premiers des Ambassadeurs sont
les Légats à *latere*. Le Pape ne peut
en envoyer en France sans le consentement du Roi. Lorsqu'ils y sont arri-

vés, ils font voir leurs pouvoirs, & promettent de ne s'en fervir que fous le bon plaifir du Roi. Sa Majefté donne des Lettres Patentes pour les approuver, modérer ou reftraindre. Ils font enfuite portés au Parlement pour y être enregiftrés, & il y met telles reftrictions & modifications qu'il juge à propos. Ce n'eft qu'après toutes ces formalités, que le Légat peut ufer de ces pouvois, & même paroître en qualité de Légat.

Les Nonces font les Ambaffadeurs Ordinaires du Pape ; les Internonces font des Ambaffadeurs Extraordinaires. Les uns ni les autres n'ont aucune Jurifdiction en France, & y font fur le pied des autres Ambaffadeurs, mais ceux des Princes Catholiques leur cedent le pas.

Les Ambaffadeurs font reçus à Paris avec cérémonie. Les Caroffes du Roi, ceux des Princes & Princeffes du Sang vont au-devant d'eux, & le Roi nomme un Seigneur pour les accompagner ; quelquefois même il commande des Troupes de fa Maifon, & autres, pour groffir le Cortege, comme cela s'eft pratiqué pour l'Ambaffadeur

Turc. À l'Entrée d'un Légat, les rues par où il paſſe, ſont tapiſſées, & le dais eſt porté devant lui par les Echevins de la Ville, & le Corps des Métiers.

Ordinairement le Roi donne audience aux Ambaſſadeurs dans ſa Chambre; mais dans des occaſions extraordinaires, il la donne ſur le Trône dans ſes grands Appartemens. C'eſt ce qui ſe pratiqua ſous Louis XIV. à l'égard des Ambaſſadeurs de Maroc, de Siam, de Perſe & du Doge de Génes, & ſous Louis XV. envers l'Ambaſſadeur Turc, deux fois.

On envoye aux Ambaſſadeurs les Caroſſes du Roi & de la Reine pour les mener à l'Audience. Ceux des Têtes Couronnées y ſont conduits par un Prince, & les autres par un Maréchal de France. Si c'eſt un Ambaſſadeur Extraordinaire, le Grand-Maître & le Maître des Cérémonies le reçoivent au bas de l'eſcalier, & marchent à ſes côtés un peu devant lui. Le Capitaine des Gardes vient le recevoir à l'entrée de la Salle des Gardes, qui ſont en haye ſous les armes & les tambours appellans, & le conduit au Roi : Sa Ma-

Reliure serrée

jefté eft affife dans fon fauteuil. Der-riere eft le Grand-Chambellan ayant à fa droite le premier Gentilhomme de la Chambre , & le Grand-Maître de la Garderobe à fa gauche. L'Ambaf-fadeur faluë trois fois le Roi en l'ap-prochant. Sa Majefté fe leve , faluë l'Ambaffadeur , s'affied & fe couvre. L'Ambaffadeur ayant commencé fon compliment, fe couvre auffi, de même que les Princes Etrangers habitués en France, comme ceux de la Maifon de Lorraine. Les Maifons de Boüillon, de Monaco & de Rohan ont le même Privilege. Après l'Audience , l'Am-baffadeur fait trois révérences au Roi, & eft reconduit avec les mêmes Céré-monies qu'il a été amené.

Les Envoyés font Ordinaires ou Ex-traordinaires, & jouiffent des mêmes honneurs & des mêmes Privileges que les Ambaffadeurs. Voici feulement quelques différences. Ils ne font point d'Entrée publique, ils ne font conduits à l'Audience que par l'Introducteur des Ambaffadeurs ; la Garde fe met en haye, mais fans armes, les tambours n'appellent point , le Roi ne fe leve point à leur arrivée, & l'Envoyé ne f

couvre point devant Sa Majesté ; s'ils
font rappellés, le préfent que le Roi
leur fait, n'eft que de 6000 liv. au lieu
que celui des Ambaffadeurs eft du double. Les Réfidens font traités comme
les Envoyés, mais ils n'ont point d'Audience du Roi, & ne négocient qu'avec
le Miniftre des Affaires Etrangeres.

## Des Hommages des Souverains au Roi.

ON voit dans l'Hiftoire, que ces Cérémonies étoient autrefois très-
communes, elles devinrent plus rares à
mefure que les grands Fiefs furent réunis
à la Couronne. Enfin depuis très-long-
temps, il n'y a eu que le Duché de
Bar pour lequel le Duc de Lorraine
faifoit hommage au Roi. Cet hommage fe prêtoit à genoux, fans gands,
fans chapeau & fans épée, & les mains
jointes entre celles du Roi.

## Des Entrées triomphantes des Rois & des Reines.

CEs Cérémonies sont ordinairement magnifiques. Les Rois & les Reines sont accompagnées de toute leur Cour, de tous les Officiers & de toutes les Troupes de leur Maison. Ils sont reçus & complimentés par le Clergé, les Magistrats & le Corps de Ville; les ruës par où ils passent, sont tapissées & ornées d'Arcs de Triomphe, &c. Je renvoye le reste du détail aux Auteurs qui en ont traité; je remarquerai seulement qu'il n'y a point eu de ces Entrées solemnelles depuis celle de Louis XIV. en 1660. à l'occasion de son Mariage. Dans certaines occasions, le Roi fait aussi des Entrées magnifiques aux Souverains Etrangers. Telle fut celle que fit à Paris la Reine Christine de Suéde en 1656. Elle y fut reçue par plus de vingt mille Bourgeois sous les armes, & par une partie de la Maison du Roi. Le Gouverneur de Paris, le Prévôt des Marchands & les Echevins la complimenterent, & lui présen-

terent le dais. Enfin elle reçut les complimens du Chapitre de Notre-Dame,
où elle alla descendre, & où l'on chan-
ta le *Te Deum.*

---

## Des Ordres du Roi.

IL y a eu autrefois en France divers
Ordres Militaires, qui sont depuis
tombés dans l'oubli. Aujourd'hui il n'y
en a que cinq qui y subsistent. Ce sont
ceux de l'Etoile, de S. Michel, du S.
Esprit, de S. Louis & de S. Lazare.
L'Ordre de l'Etoile est le plus ancien.
On ignore le temps de son Institution;
on sçait seulement que le Roi Jean le
tira de l'oubli, & ordonna que les Chevaliers de cet Ordre porteroient l'E-
toile en broderie sur leurs habits : mais
sous Charles V. Successeur du Roi Jean,
cet Ordre s'avilit encore par le grand
nombre de ceux à qui on l'avoit donné,
& il fut abandonné au Chevalier du
Guet, qui seul le porte.

L'Ordre de S. Michel fut institué
par Louis XI. en 1469. & ce Prince
ordonna que les Chevaliers seroient
Gentilshommes de nom & d'armes;

mais cet Ordre étoit déja si avili sous Henri III. qu'on l'appelloit *le Collier à toutes bêtes.* Pour le rétablir, en 1665. Louis XIV. fixa le nombre des Chevaliers à Cent, outre les Chevaliers du S. Esprit, qui avant de recevoir cet Ordre, sont tous faits Chevaliers de S. Michel.

Lorsque le Roi donne le Collier de S. Michel, celui qui le reçoit, se met à genoux devant Sa Majesté, qui le frape légerement sur l'épaule avec une épée nuë, en lui disant : *De par S. Georges & de par S. Michel, je vous fais Chevalier.* Le Collier de l'Ordre est d'or, fait en doubles coquilles, entrelassé avec des cordelieres. Au bas pend une Médaille, représentant Saint Michel terrassant le Dragon.

L'Ordre du S. Esprit fut institué en 1578. par Henri III. qui ordonna que le Roi en seroit Chef & Souverain Grand-Maître. Il est composé de cent Chevaliers Commandeurs, qui doivent tous faire profession de la Religion Catholique, Apostolique & Romaine, & être Nobles de trois races paternelles. Dans ce nombre de cent, sont compris quatre Cardinaux & quatre Prélats, qui font leurs preuves comme les autres, le Grand-Aumônier de France en est exempt. Les quatre Officiers de l'Ordre font, le Chancelier, le Prévôt ou Maître des Cérémonies, le Grand-Tréforier & le Greffier. De ces quatre, il n'y a que les deux premiers qui foient obligés de faire les preuves.

Il y a outre cela quatre bas Officiers de l'Ordre, qui font l'Intendant, le Généalogiste, le Hérault & l'Huiffier.

Tous les Chevaliers Laïcs font, comme on l'a dit, Chevaliers de l'Ordre de S. Michel; mais les Ecclésiastiques ne le font point. L'âge pour entrer dans l'Ordre, est fixé pour les Princes du Sang à vingt-cinq ans, & à trente-cinq pour les autres. Il n'y a que les fils de France à qui l'on donne le Collier dès le berceau.

Le titre de *Commandeurs* que portent les Chevaliers, vient de ce que Henri III. avoit deffein de leur attribuer des Commanderies fur les Bénéfices du Royaume ; mais ce Prince n'ayant pu l'exécuter, ce nom est un fimple titre. Les Chevaliers reçoivent feulement du Roi une penfion de 3000. liv. qui font prifes fur le marc d'or affecté à l'Ordre. Ce droit eft une efpece d'hommage & de reconnoiffance que les Officiers du Royaume rendent au Roi, lorfqu'ils font pourvûs de leurs Offices.

Tous les Chevaliers Commandeurs Laïcs portent un large Cordon-Bleu en écharpe de la droite à la gauche. Au bout pend une Croix d'or, au milieu de laquelle eft d'un côté une colombe émaillée de blanc, & de l'autre, l'Image de S. Michel. Mais les Eccléfiaftiques n'étant point Chevaliers de S. Michel, n'ont que la Colombe des deux côtés de la Croix, & portent le Cordon-Bleu au col. Outre cela, les uns & les autres portent la même Croix en broderie d'argent fur le côté gauche de leurs manteaux & de leurs habits. L'orbe de la Croix de l'Ordre eft émaillé de blanc, & les angles font ornés de fleurs de lys.

Les bas Officiers de l'Ordre n'ont point la Croix brodée fur leurs habits, & portent feulement la Croix penduë à un petit ruban bleu, attaché à la boutoniere.

Le Collier de l'Ordre est d'or, du poids d'environ cent écus d'or. Il est composé de fleurs de lys d'or, couronnées de flammes, émaillées de rouge, & entrelassées d'H, & de trophées d'armes émaillées de blanc.

Chaque Chevalier reçoit du Roi un de ces Colliers à sa réception : mais comme il appartient à l'Ordre, il ne peut ni le vendre, ni l'engager. Trois mois après la mort d'un Chevalier, ses héritiers sont obligés de remettre au Trésorier de l'Ordre ou le Collier, ou la somme de 3000 liv. & d'en retirer quittance pour leur décharge.

L'habit de l'Ordre est un manteau traînant de velours noir, semé de trophées d'or pour les Chevaliers, & de flammes pour les Officiers, & doublé de satin orangé. Il est garni d'un mantelet de toile d'argent, verte, doublé de même, entourré du Collier de l'Ordre en broderie. Le manteau se porte retroussé du côté gauche, & ouvert du côté droit. Sous ces manteaux, les Chevaliers-Commandeurs ont les chausses retroussées, le pourpoint de satin blanc, & l'escarpin de velours blanc. Ils ont aussi la toque de velours noir, garnie d'une plume blanche.

Lorſque le Roi doit faire des Chevaliers, il tient auparavant Chapitre dans ſa Chambre ou ſon Cabinet, & l'Huiſſier de l'Ordre en garde la porte.

Le jour de la réception, les Novices ſe rendent à la Chapelle en chauſſes trouſſées & pourpoint de toile d'argent, avec les bas de ſoye blanc, les eſcarpins de velours blanc, la toque & le manteau, avec la cape de velours noir. Le Roi revêtu de l'habit de l'Ordre, eſt aſſis proche l'Autel ; les Novices ſont conduits devant lui par le Grand-Maître des Cérémonies, l'Huiſſier & le Hérault de l'Ordre. Ils ſe mettent à genoux aux pieds du Roi, & font le ferment, les mains poſées ſur le Livre des Evangiles que tient le Chanchelier de l'Ordre. Le Roi les frape légerement de l'épée ſur l'épaule, & les baiſe à la jouë. Après cela, on ôte au Chevalier le manteau & la cape, & le Roi le revêt du manteau de l'Ordre, qui lui eſt préſenté par le Grand-Maître des Cérémonies. Il prend enſuite le Collier des mains du Grand-Tréſorier, & le paſſe au col du Chevalier, qui remercie Sa Majeſté de l'honneur qu'elle lui a fait, lui baiſe la main, & ſe retire.

L'Ordre a trois Fêtes , qui font la Circoncifion, la Chandeleur & la Pentecôte. Ces jours-là le Roi revêtu de l'habit de l'Ordre, fe rend à la Chapelle , accompagné des Prélats, Chevaliers & Officiers de l'Ordre , il y entend la grand'Meſſe , qui ordinairement eſt célébrée par un Prélat de l'Ordre.

Dans l'Ordre du S. Efprit, les Princes précedent les Ducs , & les Ducs dont les Lettres font vérifiées , précedent les Gentilshommes. Les Ducs prennent leur rang entre-eux , ſelon l'ancienneté de la vérification de leurs Lettres de Duché , fans égard à la Pairie. Les Gentilshommes marchent ſuivant le rang de leur réception dans l'Ordre.

L'Ordre Militaire de S. Louis fut inſtitué en 1693. par Louis XIV. Le Roi en eſt Souverain-Grand-Maître, il eſt compoſé de dix Grands-Croix , de ving-neuf Commandeurs , d'un Chancelier, d'un Grand-Prévôt Maître des Cérémonies, d'un Secretaire ou Greffier, d'un Intendant, de trois Tréforiers généraux qui exercent par année, de trois Controlleurs , d'un Aumônier , d'un Receveur particulier , d'un Garde des Archives , & de deux Huissiers.

Le nombre des Chevaliers n'est point fixé , ils doivent tous faire profession de la Religion Catholique, Apostolique & Romaine , avoir servi dix ans , & être actuellement au Service.

Les dix Grands-Croix ont chacun 6000. liv. de pension.

Des vingt-neuf Commandeurs, dix ont chacun 4000. liv. de pension , & les dix-neuf autres 3000 liv.

Outre cela , il y a encore cent quatre-vingt pensions pour les Chevaliers, trente à 2000. liv. trente-deux à 1500. liv. soixante cinq à 1000. liv. & cinquante-quatre à 800. liv.

Le Chancelier , le Grand-Prévôt & le Secretaire , ont aussi chacun 4000. liv. de gages.

Un des Grands-Croix, quatre Commandeurs , & la huitiéme partie des Chevaliers, doivent être tirés du Corps de la Marine. C'est le Secretaire d'Etat de la Marine, qui leur présente le serment à leur réception ; le Secretaire d'Etat de la Guerre fait la même fonction pour les autres.

La

La Croix de l'Ordre eſt d'or , émaillée de blanc , & cantonnée de fleurs de
lys d'or. D'un côté eſt l'Image de S.
Louis, avec cette Légende en lettres
d'or ſur une bordure d'azur : *Lud. M.
inſtit.* 1693. Au revers , on voit une
épée nuë, ſoutenant de ſa pointe une
Couronne de laurier , liée d'argent ,
avec cette Inſcription : *Bell. virtutis
Præm.*

Les Grands-Croix , le Chancelier ,
le Grand-Prévôt & le Secretaire , portent la-Croix à un large ruban couleur
de feu , paſſé en écharpe de droite à
gauche. Ils ont encore une autre Croix
en broderie d'or ſur leur juſte-au-corps
& ſur leur manteau.

Les Commandeurs , l'Intendant &
les trois Tréſoriers , portent le Grand-
Cordon-Rouge , mais ils n'ont point la
Croix en broderie.

Les autres Officiers & les Chevaliers portent ſimplement la Croix de
l'Ordre , attachée à un ruban rouge ,
paſſé à la boutoniere.

Les Chevaliers de l'Ordre du Saint
Eſprit , qui le ſont auſſi de celui de
Saint Louis , portent la Croix de S.
Louis , attachée par un petit ruban

II. *Partie.* H

rouge au bas du Cordon-Bleu, avec la Croix du S. Esprit.

L'Ordre des Chevaliers de S. Lazare fut établi en France en 1137. par Louis VIII. qui leur donna la maison de Boigni près Orleans, & celle de S. Lazare près Paris. Depuis ce temps-là, cet Ordre a toujours subsisté dans ce Royaume, séparé & indépendant de tout autre. Ainsi il y a aujourd'hui deux grandes Maîtrises de l'Ordre; une de France, & l'autre de Savoye pour l'Italie. M. le Duc d'Orleans est à présent Grand-Maître de l'Ordre de S. Lazare.

En 1607. Henri IV. Institua l'Ordre Militaire de Notre-Dame de Mont-Carmel, & l'unit à celui de S. Lazare. Les Chevaliers de cet Ordre en portent la Croix attachée à un ruban, couleur de pourpre. Ils peuvent posséder des Bénéfices simples en conservant l'habit séculier, & tenir des pensions sur des Bénéfices, même étant mariés.

## Des Sermens de fidelité des Officiers.

CEux qui prêtent serment entre les mains du Roi, sont d'Eglise, d'Epée ou de Robe.

Les Ecclésiastiques prêtent ordinairement le serment pendant la Messe, les autres dans la chambre ou dans le cabinet du Roi.

Celui qui doit prêter serment remet son épée, s'il est homme d'Epée, ses gands, & son chapeau, & va se mettre à genoux sur un carreau aux pieds du Roi qui est assis & couvert. Le Secretaire d'Etat dans le Département duquel est la Charge pour laquelle on doit prêter le serment, lit le serment pendant que le Roi tient entre ses mains celles de l'Officier qui le prête. S. M. lui remet ensuite le Bâton de Commandement, si la Charge le donne. L'Officier se releve, fait une réverence au Roi, & donne à quelques Officiers de laChambre une somme proportionnée à la Charge.

Le Prevôt des Marchands, les Echevins de Paris, & les Grands-Croix, Commandeurs & Chevaliers de Saint Louis ne donnent rien. Les Capitaines des Gardes prêtent aussi serment l'épée au côté pour quelque Charge que ce soit.

Ceux qui prêtent serment de fidelité au Roi sont

Pour l'Eglise, le Grand Aumônier de France, le premier Aumônier du Roi, tous les Archevêques & Evêques de France, les Evêques *in partibus* Sujets du Roi, les Généraux d'Ordre qui sont dans le Royaume, le Grand Maître de l'Ordre de S. Lazare, les Grands Prieurs de S. Gilles, de Provence, d'Auvergne, de France, de Champagne, de Toulouse & d'Aquitaine, pour l'Ordre de Malthe, & quelques Abbés.

Pour l'Epée. Le Grand-Maître de la Maison du Roi, le Grand Chambellan, les quatre premiers Gentilshommes de la Chambre, le Grand-Maître de la Garderobe, le Grand Ecuyer, le premier Ecuyer, les quatre Capitaines des Gardes, le Capitaine des cent Suisses, & celui des Gardes de la Porte, le Grand Prevôt de l'Hôtel, le Surintendant ou Directeur Général des Bâtimens, le Grand Maréchal des Logis, le Grand Veneur, le Grand Fauconnier, le Grand Louvetier, le Capitaine Général des Chasses, le premier Médecin, les Chevaliers & Grands Officiers de l'Ordre du S. Esprit, les Grands-Croix, Commandeurs & Chevaliers de S. Louis, les Gouverneurs du Dauphin & des Enfans de France, le Colonel Général de la Cavalerie, les Maréchaux de France, le Grand-Maître de l'Artillerie, le Grand Amiral, les deux Vices-Amiraux, le Général des Galeres, les Gouverneurs des Provinces, les Lieutenans Généraux, les Lieutenans de Roi, & le Grand-Maître des Armes & Blason de France.

Pour la Robe, le Chancelier, le Garde des Sceaux, les quatres Secretaires d'Etat, les Premiers Présidens des Parlemens, le Précepteur du Dauphin & des Enfans de France, le Prevôt des Marchands, & les Echevins de Paris.

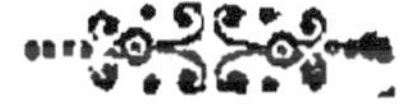

## De la cérémonie de toucher les Malades.

ON fait remonter l'origine de cette cérémonie jusqu'à Clovis. Ce qu'il y a de certain est que depuis plus de 600. ans les Rois de France touchent-les Malades.

La veille le premier Médecin & les Médecins de quartier visitent ceux qui doivent être touchés. Dans la cérémonie deux Huissiers de la Chambre marchent devant le Roi, & deux Gardes de la Manche à ses côtés : les Tambours des cent Suisses battent, & le Fifre joue. Le Roi touche les Malades l'un après l'autre au front en forme de signe de Croix, en disant : *Le Roi te touche, Dieu te guérisse.*

## De la cérémonie de la Cene.

ON rapporte au Roi Robert l'origine de cette cérémonie dans laquelle le Roi lave les pieds le Jeudi Saint à treize Pauvres enfans. Ils sont choisis la veille par un des Aumôniers de quartier, le premier Médecin & les Chirurgiens du Roi, & visités pour voir s'ils font sains & propres. On dresse ensuite un Rolle signé du Grand Aumônier, & on le remet au Tréforier des Aumônes, afin qu'il donne ordre à ce qui est nécessaire.

. Le Jeudi Saint dès six heures du matin, on mene ces enfans à la Fourierre, où le Barbier du Commun leur rase les cheveux, & leur coupe les ongles des pieds : Après cela les Officiers de Fouriere leur lavent les jambes & les pieds, & les habillent d'une petite robe de drap rouge, garnie d'un chaperon, & de deux aulnes de toile qui leur pendent du col jusqu'à terre. En cet équipage on les conduit à la falle où doit se faire la cérémonie : on les fait asseoir sur un banc, le dos tourné contre la table où ils doivent être servis.

On leur fait alors une exhortation sur le sujet de la cérémonie, on chante le *Miserere*, après lequel le Grand Aumônier donne l'absolution. Ensuite le Roi lave le pied droit à chacun de ces enfans, & le lui baise ; le Grand Aumônier tient le bassin d'argent doré,

& un des Aumôniers de quartier le pied de l'enfant.

Après cette cérémonie les enfans se mettent à table où ils sont servis par le Roi chacun de treize plats de bois, & d'une petite cruche pleine de vin sur laquelle il y a trois échaudés. Ensuite le Roi leur passe au col une bourse dans laquelle il y a treize écus, & qui lui est présentée par le Trésorier des Aumônes. Les plats sont aussi présentés au Roi par les Princes du sang, & autres Seigneurs. Derriere les enfans est un Aumônier de quartier qui retire les plats à mesure que le Roi les sert sur la table, & les met dans les corbeilles que portent les parents des enfans.

## Des Réjouissances & Fêtes de la Cour.

CEs réjouissances se font pour la naissance ou pour le mariage des Rois & des Enfans de France, pour victoires remportées, pour des Villes prises, &c.

Ces cérémonies sont toujours accompagnées d'un *Te Deum* chanté dans la Chapelle du Roi. On en chante aussi un dans l'Eglise de Notre-Dame de Paris, où toutes les Cours sont invitées par Lettres de Cachet : on y envoye un détachement des cent Suisses : le Grand Maître & le Maître des cérémonies y reglent l'ordre, & le *Te Deum* y est chanté par la Musique du Roi. Si c'est pour une bataille gagnée, on pend ordinairement aux voûtes de l'Eglise les Drapeaux, & Etendars enlevés aux ennemis. Le *Te Deum* est suivi d'un Feu d'artifice que la Ville fait tirer.

Les Fêtes de la Cour consistent encore en Carousels, en courses de Bagues, en Feux d'artifices, en Concerts, &c.

## *Des Pompes funebres.*

DEPUIS Hugues Capet l'Abbaye de S. Denis a été le lieu ordinaire de la sépulture des Rois de France.

Après que le Roi est mort, son corps lavé & embaumé reste exposé pendant plusieurs jours sur un lit de parade dans une des salles du Château

*II. Partie.* I

où l'on a dreſſé pluſieurs Autels. Pendant ce tems il y eſt ſervi comme s'il
étoit vivant, & y reçoit les reſpects
des Grands, des Cours Supérieures,
& du Corps de Ville, les Religieux
& le Clergé ſe relayent pour prier nuit
& jour auprès du corps.

Il eſt levé enſuite par le Grand-Aumônier, & porté par les Gardes Ecoſ-
ſoiſes ſur un chariot d'armes, couvert
d'un poële de velours noir croiſé de
moire d'argent. Delà il eſt porté à S,
Denis, précédé & ſuivi des Troupes
de ſa Maiſon, du Clergé, de la Cour,
& de tous les Officiers de la Couronne & Maiſon du Roi. A l'entrée de
S. Denis, il eſt reçu par les Religieux,
précédés du Clergé & des Officiers de
la Ville, delà conduit à l'Egliſe de l'Abbaye, où il eſt dépoſé, & reſte pluſieurs jours expoſé ſous un Cataphal-
gue.

La veille du jour deſtiné pour l'in-
humation, les Vêpres des Morts ſont
chantées par la Muſique du Roi. Le
lendemain le Clergé, les Cours de Ju-
diſature, le Corps de Ville & l'Univerſité de Paris, ſe rendent par Députés à S. Denis, où ſe trouvent auſſi les

Princes du Sang & les Officiers de la Couronne. Le Service eſt ordinairement célébré par le Grand-Aumónier de France, & l'Oraiſon funébre prononcée par un Prélat. '

Aprés le Service, & les cérémonies qui le ſuivent, le Roi eſt porté dans le Caveau par des Gardes du Corps habillés de deuil. Alors le Grand Maître de la Maiſon du Roi ordonne au Roi d'Armes d'appeller tous les Officiers du feu Roi, qui l'un aprés l'autre, apportent les piéces d'honneur ou marques de leurs Offices, pour être miſes ſur le cercueil. Enſuite le Grand-Maître met ſon Bâten dans le Caveau, & les Maîtres d'Hôtel rompent les leurs. Le Grand-Maître crie : *Le Roi eſt mort*. Le Roi d'Armes répete par trois fois : *Le Roi eſt mort, priez Dieu pour le repos de ſon ame*. Aprés un moment de ſilence, le Grand-Maître crie : *Vive le Roi, N. par la grace de Dieu, Roi de France & de Navarre* ; ces cris ſe répetent au ſon des tambours, des trompettes & autres inſtrumens.

## Du Gouvernement de l'Etat.

L'E T A T eſt gouverné par les Ré-
gens en trois cas, pendant la
Minorité, pendant l'abſence, ou
pendant la démence du Roi.

La Régence eſt donnée par le
Roi, par les Etats, ou par le Parlement.

On trouve dans l'Hiſtoire une infinité d'exemples de Rois qui ont pourvû à la Régence de l'Etat, ſoit en mourant, par leur Teſtament, ſoit par des
Lettres Patentes, lorſqu'ils s'éloignent
du Royaume. Ainſi Louis XIV. par-
tant pour la Hollande en 1672. laiſſa
la Régence à la Reine Marie-Therèſe
d'Autriche.

Les Etats diſpoſent de la Régence,
lorſque le Roi n'y a pas pourvû en
mourant, ou lorſqu'il eſt hors d'état
d'y pourvoir. Ainſi Charles VI. étant
tombé en démence, les Etats du Royaume donnerent la Régence aux Ducs de
Bourgogne & de Berri. Et François II.
étant mort, la Reine Catherine de Médicis, fut nommée Régente par les

Etats pendant la Minorité de Charles IX.

Au défaut des Etats, le Parlement est aussi quelquefois entré dans leurs droits de nommer à la Régence. Henri IV. ayant été assassiné en 1610. le Parlement s'assembla le même jour, & nomma la Reine Régente.

Quelquefois même le Roi ayant pourvû à la Régence par son Testament, le Parlement y fait des changemens. Ainsi Louis XIII. ayant laissé la Régence en mourant à la Reine Anne d'Autriche, & lui ayant nommé un Conseil dont elle se devoit servir, le Parlement confirma la Régence, & ôta le Conseil.

N'oublions pas, qu'en France pendant la Minorité du Roi, la Reine Mere, s'il y en a une, est ordinairement Régente.

## Des Etats Généraux.

LEs Etats Généraux sont l'Assemblée générale des Députés des trois Ordres du Royaume : le Clergé, la Noblesse & le Tiers-Etat.

Ces Assemblées générales de la Nation, sont aussi anciennes que la Monarchie; mais elles n'ont pas toujours
porté le même nom. On les appella
d'abord *Champs de Mars*, ou *Champs
de Mai*, parce qu'elles se tenoient dans
ces mois-là en rase campagne. Elles
furent aussi nommées *Grands-Plaids*,
d'où peut-être est venuë la clause in-
ferée dans les Edits & Ordonnances
des Rois de France, *car tel est notre
plaisir*. On leur donna enfin le nom de
*Parlement*, jusqu'à ce que les Parlemens étant devenus des Cours de Judi-
cature, elles prirent celui d'Etats Généraux.

Elles n'eurent pas toujours non plus
la même forme. Jusqu'au Regne de
Gontran, les Evêques n'y eurent
point entrée. Dans la suite, le Clergé
du second Ordre y fut admis. Enfin en
1300. Philippe le Bel y appella le Peuple. D'ailleurs ces Assemblées ayant
d'abord été générales, furent aussi
quelquefois réduites à un petit nombre
de personnes. Enfin on n'y a plus admis qu'un certain nombre de Députés.

Il n'appartient qu'au Roi, lorsqu'il
y en a un, & qu'il est habile à gouver-

ner, de convoquer les Etats, d'y présider, & de les congédier. Au défaut
du Roi, ce droit est dévolu au Régent,
ou aux Princes du Sang, s'il n'y a point
de Régent, aux Pairs & Grands Officiers de la Couronne, s'il n'y a aucun
Prince du Sang.

Dans leur origine, les Etats Généraux ne sont que les Conseillers du
Prince : mais dans certains cas ils sont
revêtus de tout le pouvoir souverain.
Ces cas sont,

1°. Si le Trône est vacant, soit que
le Roi soit mort sans laisser de successeur, soit qu'il ait laissé la Reine enceinte, & que le Successeur soit incertain, soit que le droit à la succession
soit contesté.

2°. Si le Roi est absent ou prisonnier, & n'a point nommé de Régent.

3°. Si le Roi est furieux ou imbécile, que son Successeur soit inhabile
à succéder, & que le Roi n'ait pas avant
sa maladie, nommé un Régent.

4°. Dans tous les cas où il s'agit du
domaine du Roi, qui ne peut le vendre, ou aliéner sans le consentement de
la Nation.

La convocation des Etats se fait par

des Lettres de cachet, adreſſées aux Baillifs & aux Sénéchaux. Ceux-ci font tenir dans leurs Bailliages & Sénéchauſſées des Aſſemblées du Clergé, de la Nobleſſe & du Tiers-Etat, & ces Aſſemblées nomment chacune leurs Députés aux Etats. En Bretagne, en Dauphiné & en Provence, ces Députés ſont choiſis dans des Aſſemblées générales de la Province.

Ces Députés étant arrivés au lieu qu'il a plu au Roi de nommer pour la tenuë des Etats, la Chambre du Clergé, celle de la Nobleſſe & du Tiers-Etat, s'aſſemblent ſéparément dans l'endroit qui leur a été aſſigné. Les premieres ſéances ſont employées dans chacune de ces Chambres, à ſe choiſir un ou pluſieurs Préſidens, un ou pluſieurs Secretaires, quelques Aſſeſſeurs & un Orateur, pour haranguer le Roi.

Les Etats font enſuite une Proceſſion générale, qui eſt ſuivie d'une Meſſe du S. Eſprit. Dans ces cérémonies, les Députés marchent ſelon le rang de leurs Bailliages & Sénéchauſſées, & non ſelon le rang de leurs Gouvernemens. Ainſi, quoique les Bailliages de Senlis & de Melun ſoient de l'Iſle de

France , qui eſt le premier des grands Gouvernemens , leurs Députés ont preſque le dernier rang : il n'y a que les Archevéques & les Evêques qui gardent l'ordre d'ancienneté.

Quelques jours après la Proceſſion , les trois Chambres ſe réuniſſent dans le lieu où le Roi ſe rend , & où il leur explique le ſujet qui les a fait aſſembler. Le Chancelier fait enſuite un diſcours ſur la même matiere.

Les jours ſuivans , les trois Chambres ſe complimentent réciproquement par Députés. On examine enſuite les matieres. Dans les Délibérations , la déciſion dépend de la pluralité des voix des Gouvernemens , & aucun n'a plus de pouvoir que l'autre , quoique compoſé d'un plus grand nombre de Députés. Dans chaque Gouvernement les affaires ſe décident à la pluralité des voix des Bailliages & Sénéchauſſées. Chaque Gouvernement à ſon Banc & ſon Préſident.

Quelquefois on choiſit dans chaque Chambre un Député de chaque Gouvernement, & on les charge de quelques affaires particulieres. Quelquefois auſſi les Chambres conferent enſemble par Députés, lorfque les matieres font importantes.

Lorfque les affaires ont été fuffifamment difcutées, chaque Chambre dreffe fon cahier, & le préfente aù Roi féparément. C'eft fur les avis & les remontrances contenuës dans ces cahiers, que le Roi prend fes réfolutions. Quelquefois il fait des Ordonnances tirées de ces cahiers même; ainfi ont été dreffées les Ordonnances d'Orleans & de Blois.

Il ne s'eft point tenu en France d'Etats Généraux depuis ceux de 1614. & 1615.

## Des Confeils.

EN France, les Rois ont toujours eu des Confeils pour les aider dans les affaires épineufes. On croit que fous Louis XII. le Confeil étoit compofé des Maîtres des Requêtes inftitués en 1344. par Philippe le Bel. François I. eft le premier qui fe foit fervi du nom de *Confeil Privé*; mais ce fut furtout fous Louis XIII. & encore plus fous Louis XIV. fon fucceffeur, que les Confeils prirent une certaine forme.

Il y arriva quelques changemens au commencement du Regne de Louis XV. Enfin voici fur quel pied étoient les Confeils du Roi au commencement de 1748.

## Le Confeil d'Etat.

IL fe tient tous les Dimanches & les Mercredis, l'on y traite des affaires générales, telles que font la Paix & la Guerre, les Alliances avec les Etrangers, &c.

Ce Confeil eft compofé du Roi, du Premier Prince du Sang, du Secretaire d'Etat de la Guerre, du Controlleur Général des Finances, & du Secretaire d'Etat des Affaires Etrangeres.

Remarquez que les Secretaires d'Etat ont été long-temps confondus avec les Secretaires du Roi, & qu'ils font même encore obligés de fe faire recevoir en cette derniere qualité, avant que d'exercer leur Charge.

Ce ne fut que fous Henri II. en 1547. qu'ils furent réduits à quatre, & qu'ils eurent des Départemens. Alors on ne les qualifioit que de Secretaires des Commandemens; mais douze ans après ils prirent le titre qu'ils portent aujourd'hui. D'abord ils prêtoient serment entre les mains du Chancelier, mais depuis ils le prêtent entre les mains du Roi.

Les quatre Secretaires d'Etat sont celui de la Guerre, celui de la Marine, celui des Affaires Etrangeres, & celui de la Religion Prétenduë Réformée.

Celui de la Guerre a dans son Département la Guerre, le Taillon, les Maréchauffées, l'Artillerie, les Penfions, Dons & Brevets des Gens de Guerre, les Etats Majors, excepté ceux des Gouverneurs, Lieutenans Généraux & Lieutenans de Roi des Provinces, qui ne font pas de son Departement : avec les Provinces & Généralités des trois Evêchés, Metz, Toul & Verdun, de Barrois, de l'Artois, de la Flandre, de Hainault, de la Franche-Comté, du Rouffillon & du Dauphiné.

Celui de la Marine a la Maifon du Roi, le Clergé, les Haras du Royaume, les Penfions, la Marine, les Galeres, le Commerce Maritime, les

Colonies Françoifes, les Dons & Brevets des Provinces de fon Département, excepté ceux des Etrangers & Officiers de guerre, les Provinces & Généralités de Paris & de l'Ifle de France, avec partie de la Brie, de Soiffons, d'Orleans & de la partie du Perche qui en dépend, du Poitou, de la Rochelle, de la Xaint-Onge, du Pays d'Aunis, de Broüage, des Ifles de Ré & d'Oleron.

Celui des Affaires étrangeres a les Affaires étrangeres, les Penfions & Expéditions qui en dépendent, les Dons & Brevets, autres que des Gens de guerre, pour les Provinces de fon Département, qui font la Guyenne, Haute & Baffe Normandie, la Champagne & partie de la Brie, la Souveraineté de Sedan, la Ville & Généralité de Lyon, celle d'Auch, & le Berri.

Le quatriéme a les Affaires générales & particulieres de la Religion Prétendue Réformée ; l'expédition de la feüille des Bénéfices ; les Economats, les Dons & Brevets, autres que des Officiers & Etrangers pour les Provinces de fon Département, qui font le Languedoc, la Généralité de Montau-

ban, la Provence, la Bourgogne, la
Breſſe, le Bugei, Valromei & Gex,
la Bretagne, le Comté de Foix, la
Picardie & le Boulenois, la Généralité de Tours, l'Auvergne, le Bourbonnois, le Nivernois, la Haute & Baſſe
Marche, le Limouſin, l'Angoumois,
la Navarre, le Bearn, la Bigorre & le
Nebouſan.

## Le Conseil des Dépêches.

IL ſe tient tous les Samedis. On y dé-
cide des Affaires des Provinces, des
Plaçets, des Lettres & Brevets pour les
Gouverneurs, Commandans, & autres
Officiers, les Secretaires d'Etat y rap-
portent.

Ceux qui y aſſiſtent, ſont le Roi, le
Premier Prince du Sang, le Chancelier, le Chef du Conſeil des Finances,
le Controlleur Général, & les quatre
Secretaires d'Etat.

## Le Conseil Royal des Finances.

IL se tient le Mardi, & l'on y traite
de tout ce qui concerne les Finances. Il est composé du Roi, du Premier Prince du Sang, du Chancelier,
du Chef de ce Conseil, de deux Conseillers d'Etat, & du Controlleur Général.

Le Controlleur Général a succédé
au Surintendant des Finances, dont la
Charge fut supprimée en 1661. Il a
dans son Département le Trésor Royal,
les Parties Casuelles, la Direction générale de toutes les Fermes, le Clergé, le Commerce du Royaume, la
Compagnie des Indes, l'Extraordinaire des Guerres, les Vivres, l'Artillerie, les Bâtimens & Maisons Royales,
les Rentes & Pays d'Etats, les Monnoyes, les Parlemens & Cours Supérieures, les Ponts & Chaussées, Tur-
cies & Levées, le Barrage & Pavé de
Paris, les Manufactures, les Octrois
des Villes, les dettes des Communautés, & les Ligues Suisses.

En même temps le Roi créa six In-

tendans des Finances, tirés du Corps
des Conseillers d'Etat.

. Le premier a dans son Département
les Gabelles de France, du Lyonnois,
de la Provence , du Dauphiné & du
Languedoc ; les cinq grosses Fermes,
les Rentes , les Etats des Fermes, les
Etats des Finances de Provence & de
Bretagne.

Le second a les Tailles & le Taillon , la Capitation , les Impositions des
Provinces de Flandre, de Franche-
Comté & d'Alsace, le Dixiéme de retenuë , les Etapes , les Etats des Finances des Pays d'Election, le Clergé,
les Poudres & Salpêtres, les détails des
Ponts & Chaussées, l'Extraordinaire
des Guerres , les Etats des Finances de
Bourgogne.

Le troisiéme a les Eaux & Forêts,
les Etats des Bois, la Ferme des Droits
rétablis, celle des Huíles, les Chambres des Comptes , les Débets à la
poursuite du Controlleur des bons d'E-
tats, du Conseil, les Etats des Finances d'Artois , la Ferme des Postes.

Le quatriéme a le Grand-Conseil,
les Cours des Aides , les Ligues Suisses , les Amortissemens, Francs-Fiefs,
&

& nouveaux Acquets ; les Octrois des
Villes, les Dettes des Communautés ;
la Ferme des Impôts & Billets de Bretagne ; les Reftes de la Ferme du Tabac ; les Bureaux des Finances ; les
Etats des Finances des Généralités de
Touloufe & de Montpellier.

Le cinquiéme a le Domaine & les
Etats du Domaine , les Fermes des
Greffes, celles de la Marque des Fers,
la Marque de l'or & de l'argent ,
les Parlemens & le Domaine d'Occident.

Le fixiéme a les Aides, les Droits
de Controlle des Actes des Notaires ,
l'Infinuation & centiéme Denier ; ceux
du petit Scel, le Controlle des Exploits , la Ferme des Suifs ; ce qui concerne les Mendians & l'Adminiftration
des Hôpitaux, les Etats des Finances
de Navarre & Bearn.

---

## Le Confeil Royal du Commerce.

IL fut établi en 1710. & eft compofé du Roi, du Premier Prince du
Sang, du Chancelier, d'un Confeiller
d'Etat Intendant des Finances ; du

Controlleur-Général, & des Secretaires d'Etat de la Marine & de la Guerre. Il se tient tous les quinze jours.

En même temps le Roi créa six Intendans du Commerce, qui eurent
chacun leur Département, & qui depuis ont été réduits à quatre.

Le premier a la Flandre, le Hay-
nault, le Lyonnois, le Forêt, le Beaujolois, le Roussillon, le Languedoc,
la Provence, le Dauphiné, le Commerce de l'Italie, d'Espagne, de Savoye & de Piémont.

Le second a la Généralité d'Orléans, de Bourges, de Moulins, de
Limoges, le Bourbonnois, l'Auvergne, la Bourgogne, la Franche-Comté, la Bresse, l'Alsace, les trois Evêchés, avec le Commerce de Genève &
de Suisse.

Le troisiéme a la Généralité de Paris, à l'exception de la Ville, la Normandie, la Bretagne, la Picardie,
l'Artois, la Généralité de Soissons, la
Champagne & le Maine.

Le quatriéme a la Généralité de
Tours, de la Rochelle, de Bourdeaux,
de Montauban & d'Auch; le Poitou,
le Bearn, le Commerce d'Allemagne,

de Lorraine , des Pays de Cologne , Tréves & Mayence, celui de la Flandre Espagnole & du Pays de Liége.

Il y a encore le Bureau du Commerce qui se tient le Jeudi, & où assistent le Controlleur Général , le Secretaire d'Etat de la Marine, plusieurs Conseillers d'Etat , & les Intendans des Finances.

## Le Conseil d'Etat & Privé, ou des Parties.

C'EST le Chancelier qui tient ce Conseil ; mais le fauteuil du Roi y est toujours placé , & le prononcé de l'Arrêt porte : *Le Roi en son Conseil.* Si par extraordinaire le Roi y assiste , les Conseillers d'Etat restent découverts , & il est dit dans l'Arrêt : *Sa Majesté y étant.*

Ce Conseil est composé du Chancelier ou Garde des Sceaux, de vingt-un Conseillers d'Etat ordinaires, dont trois doivent être d'Eglise , trois d'Epée, de douze autres servant par semestre, du Controlleur Général , des Intendans des Finances , & de vingt-deux Maîtres des Requêtes , servant par quar-

tier, qui rapportent les affaires, &
fignent les minutes des Arrêts.

Les Conſeillers d'Etat ordinaires ont
5500. liv. d'appointement, & ceux de
femeſtre 3500. liv. Leur habit eſt un
manteau de ſoye, autrefois violet, aujourd'hui noir à collet quarré, & man-
ches pendantes.

Pour les Maîtres des Requêtes, j'ai
déja dit, qu'ils furent créés par Philippe le Bel en 1344. Leur fonction étoit
alors de rapporter au Roi les Requêtes
qu'on lui préſentoit. Ils n'étoient d'a-
bord que quatre, aujourd'hui leur nombre eſt de quatre-vingt-huit. C'eſt de
leur Corps que ſe tirent les Intendans
de Juſtice, Police & Finances qu'on
envoye dans les Provinces, & à la ſuite
des Armées.

Les Maîtres des Requêtes ſont cen-
ſés du Corps du Parlement où ils ont
entrée & voix déliberative; mais ils ne
doivent s'y trouver que quatre enſemble.

Dans les cérémonies où ils ſe trouvent avec cette Compagnie, ils portent la Robe rouge; mais s'ils vont en
Corps, ils ont la Robe de velours noir,
avec une ceinture d'or, & le cordon du
chapeau de même.

## Du Gouvernement Ecclesiastique.

DEpuis la révocation de l'Edit de Nantes en 1685. la Religion Catholique, Apostolique & Romaine, est la seule dont l'exercice soit permis en France.

On compte dans ce Royaume dix-huit Archevêchés & cent dix-huit Evêchés ; plus de cent quarante mille Cures ou Paroisses, seize Chefs-d'Ordre ou Congrégations, mil trois cent cinquante-six Abbayes d'hommes, y compris seize Abbayes Royales ; cinq cent cinquante-sept Abbayes de filles, douze mil quatre cent Prieurés, quinze mil deux cent Chapelles, quatorze mil sept cent soixante-dix-sept Couvents ou Maisons Religieuses.

## Des Provinces Ecclesiastiques.

LEs dix-huit Archevêchés qui sont en France, forment autant de Provinces Ecclesiastiques, dont chaque Archevêque a un certain nombre d'Evêques Suffragans, le nombre est de cent douze.

Lorsque le Christianisme s'établit, l'Empire Romain étoit divisé en Provinces, dont la Ville Capitale s'appelloit *Métropole*. Les Chrétiens ayant des Evêques dans la plûpart de ces Villes, suivirent la même division. Les Evêques des petites Villes s'accoutumerent à regarder la Capitale de leur Province comme leur *Métropole*. De-là le titre de *Métropolitain*, que prirent les Evêques de ces grandes Villes, & le pouvoir qu'ils s'attribuerent sur les Eglises de leur Province.

Ce nom de *Métropolitain* commença à être en usage au Concile de Nicée. La même chose s'observa dans les Gaules vers le milieu du troisiéme siécle. Lorsque le Christianisme s'y établit, elles étoient partagées en dix-sept Provinces Romaines. Dans la suite on donna aux *Métropolitains* le nom d'*Archevêques*, mais ce nom ne fut connu en France que vers 581.

Quelquefois des raisons de religion, de bienséance & de commodité ont obligé de partager quelques-uns de ces Archevêchés. Par-là les Provinces Ec-

clesiastiques se trouvent aujourd'hui en
France au nombre de dix-huit.

Ces mêmes raisons ont aussi obligé
en différens temps d'ériger de nouveaux
Evêchés, & de transférer un Siége Epis-
copal d'une Ville dans une autre.

## ETAT DES PROVINCES
*Ecclesiastiques de France, Archevê-
chés & Evêchés qui en dépendent.*

### I. ARCHEVESCHÉ DE PARIS.

*Ses Suffragans sont,*

Chartres, Meaux, Orléans, Blois.
L'Archevêché de Paris fut détaché de
celui de Sens en 1622. Son Archevêque est Duc de S. Cloud, & Pair de
France.

### II. ARCHEVESCHÉ DE LYON.

*Il a pour Suffragans,*

Autun,               Mâcon,
Langres,             Dijon.
Châlons sur Saone,

L'Archevêque de Lyon est Primat
des Gaules. L'Evêque d'Autun est Président-né des Etats de Bourgogne, &

porte le *Pallium*. L'Evéque de Langres est Duc & Pair de France; & celui de Châlons prend la qualité de
Comte.

## III. ARCHEVESCHÉ DE ROUEN.

*Il a pour Suffragans,*

Bayeux,            Séez,
Avranches,         Evreux,
Lisieux,           Coutances.

L'Evêque de Lisieux a le titre de
Comte.

## IV. ARCHEVÉSCHÉ D'E SENS.

*Il a pour Suffragans,*

Auxerre,           Nevers,
Troyes,            Bethléem.

L'Evêché de Bethléem a été transfé-
sé à Clameci.

## V. ARCHEVESCHÉ DE REIMS.

*Il a pour Suffragans,*

Soissons,              Beauvais,
Senlis,                Boulogne,
Noyon,                 Laon.
Chaalons sur Marne,    Amiens.

L'Arche-

L'Archevêque de Reims eſt le premier des Ducs & Pairs, il prend la
qualité de Primat de la Gaule Belgique, & celle de Légat-né du S. Siége.
L'Evêque de Laon eſt Duc & Pair.
Ceux de Chaalons, de Beauvais & de
Noyon, font Comtes & Pairs.

### VI. Archevesché de Tours.

*Il a pour Suffragans,*

| | |
|---|---|
| Le Mans, | Leon, |
| Angers, | Triguier, |
| Rennes, | S. Brieuc. |
| Nantes, | S. Malo, |
| Quimper, | Dol, |
| Vannes, | |

L'Evêque de Leon prend la qualité de
Comte ; ceux de S. Brieuc & de Dol,
font Seigneurs des Villes de ce nom ;
& le dernier a le privilege de faire porter devant lui la Croix Archiepiſcopale.

### VII. Archevesché de Bourges.

*Il a pour Suffragans,*

| | |
|---|---|
| Clermont, | Tulles, |
| S. Flours, | Le Puy. |
| Limoges, | |

*II. Partie.* L

L'Archevêque de Bourges prend la qualité de Primat des Aquitaines, ou de Patriarche. L'Évêque du Puy dépend immédiatement du S. Siege. Il est Seigneur du Puy, & Comte de Velai. Celui de S. Flour est aussi Seigneur de la Ville de ce nom.

## VIII. ARCHEVESCHÉ D'ALBI.

### Il a pour Suffragans.

Rhodès,　　　　Mende,
Cahors,　　　　Castres.
Vabres,

Albi est le plus nouveau des Archevêchés de France. Il dépendoit de Bourges, dont il fut séparé en 1678. L'Evêque de Rhodès a le titre de Comte. Celui de Cahors prend encore ceux de Baron & de Comte ; & dans certaines occasions peut dire la Messe l'épée nuë, le casque & les gantelets sur l'Autel. Celui de Vabres a la qualité de Comte, & celui de Mende celle de Comte de Gevaudan.

## IX. ARCHEVESCHÉ DE BOURDEAUX.

### *Il a pour Suffragans,*

Agen,
Angoulême,
Saintes,
Poitiers,
Perigueux,
Condom,
La Rochelle,
Luçon,
Sarlat.

L'Archevêque de Bourdeaux prend la qualité de Primat des Aquitaines, qu'il dispute à celui de Bourges. Les Evêques d'Agen & de Condom prennent la qualité de Comtes. Celui de Luçon prend celle de Baron. Celui de Sarlat est Seigneur de sa Ville. L'Evêché de la Rochelle étoit d'abord à Maillezais.

## X. ARCHEVESCHÉ D'AUSCH.

### *Il a pour Suffragans,*

Acqs,
Lectour,
Comminges,
Couserans,
Aire,
Bazas,
Tarbes,
Oleron,
Lescar,
Bayonne.

Les Evêques d'Aire, d'Oleron, sont Seigneurs des Villes qui portent ces

noms. Celui de Lescar est Président
des Etats de Bearn, premier Conseiller au Parlement de Pau, & premier
Baron de Bearn.

## XI. ARCHEVESCHÉ DE NARBONNE.

*Il a pour Suffragans,*

| | |
|---|---|
| Beziers, | Lodève, |
| Agde, | Uzès, |
| Carcassonne, | Saint Pons. |
| Nîmes, | Aleth, |
| Montpellier, | Alais, |

L'Archevêque de Narbonne a la qualité de Primat, & est Président-né des
Etats de Languedoc. L'Evêché d'Agde est le plus petit du Royaume, &
celui d'Alais le plus nouveau. Les Evêques d'Agde & d'Aleth ont le titre de
Comte. Celui de Montpellier prend la
qualité de Comte de Meguel. Celui
de Lodève est Seigneur de sa Ville &
Comte de Montbrun. Ceux de Beziers,
d'Uzès & de Saint Pons, sont Seigneurs
en partie des Villes de ce nom.

## XII. ARCHEVESCHÉ DE TOULOUSE.

*Il a pour Suffragans,*

| | |
|---|---|
| Pamiers, | Montauban, |

| | |
|---|---|
| Mirepoix, | Lombez, |
| Lavaur, | S. Papoul. |
| Rieux, | |

L'Archevêché de Toulouse fut démembré de celui de Narbonne en 1317. par le Pape Jean XXII. Boniface VIII. érigea l'Abbaye de Pamiers en Evêché en 1296. Les autres Evêchés de cette Métropole furent créés en 1317. par Jean XXII. L'Evêque de Pamiers est Président-né des Etats de Foix. Celui de S. Papoul est Seigneur de sa Ville.

## XIII. ARCHEVESCHÉ D'ARLES.

### Il a pour Suffragans,

| | |
|---|---|
| Marseille, | Toulon, |
| S. Paul, Trois-Châteaux, | Orange, |

L'Archevêque d'Arles prend la qualité de *Prince* & de *Primat*. L'Evêque de S. Paul prend celle de *Comte*. Celui de Toulon est Seigneur de la Ville de ce nom.

## XIV. ARCHEVESCHÉ D'AIX.

### Il a pour Suffragans,

| | |
|---|---|
| Apt, | Gap, |
| Riez, | Sisteron. |
| Frejus, | |

L'Evêque d'Apt a le titre de *Prince.* Celui de Gap est Comte & Seigneur de sa Ville. Ceux de Riez & de Sisteron, sont aussi Seigneurs des Villes de ce nom.

## XV. ARCHEVESCHÉ DE VIENNE.

*Il a pour Suffragans,*

| | |
|---|---|
| Grenoble, | Valence, |
| Viviers, | Die. |

L'Archevêque de Vienne prend les titres de *Comte* & de *Primat.* L'Evêque de Grenoble prend celui de *Prince*, & étoit autrefois Président-né des Etats de Dauphiné. Ceux de Viviers, de Valence & de Die, ont la qualité de *Comtes.* Celui de Viviers prend encore celle de *Prince de Donzeres.*

## XVI. ARCHEVESCHÉ D'EMBRUN.

*Il a pour Suffragans,*

| | |
|---|---|
| Digne, | Glandéve, |
| Grasse, | Senèz. |
| Vence, | |

Les Evêques de Senèz & de Glandéve, sont Seigneurs de ces Villes.

## XVII. ARCHEVESCHÉ DE BESANÇON,

### Il a pour Suffragans,

Belley.

L'Archevêque de Besançon a la qualité de *Prince du S. Empire*. Celui de Belley prend la même qualité, & est Seigneur de sa Ville.

## XVIII. ARCHEVESCHÉ DE CAMBRAI,

### Il a pour Suffragans,

Arras,                Saint Omer.

Cambrai étoit Suffragant de Reims, & fut érigé en Archevêché par Paul IV. en 1559. Son Archevêque prend la qualité de *Duc de Cambrai, Comte de Cambresis, & Prince du S. Empire.*

L'Evêché de Saint Omer fut démembré avec celui de Boulogne de celui de Terrouene éteint en 1559.

Les trois Evêchés de Metz, Toul & Verdun, sont Suffragans de Tréves. L'Evêque de Metz prend la qualité de *Prince du S. Empire.* Ceux de Toul & de Verdun, ont celle de *Comtes.*

L'Evêque de Strasbourg est Suffragant de Mayence ; Il eſt Prince de Saverne, & en cette qualité il á ſéance dans les Dietes de l'Empire.

Quebec en Canada eſt immédiatement ſoumis au Saint Siége.

L'Evêque de Perpignan prétend la même choſe.

---

## De la Juriſdiction des Evêques.

CETTE Juriſdiction eſt volontaire ou contentieuſe.

La volontaire regarde les ames & le ſpirituel ; elle s'exerce par les Pénitenciers, les Curés, les Vicaires, les Conſeſſeurs, & n'appartient point à ce Traité.

La Juriſdiction contentieuſe eſt celle qui décide par les voyes judiciaires de tous les différends des Eccleſiaſtiques, & même de ceux des Laïcs, dans les cas qui ont rapport au ſpirituel.

Il eſt certain que les Evêques tiennent cette Juriſdiction de la pure libéralité des Princes. On peut lire l'hiſtoire de ſon origine & de ſes progrès dans l'introduction au Droit Eccléſiaſtique de M. Fleuri, dans Dupin, & autres

Auteurs qui en ont traité. Je remarquerai seulement,

1°. Qu'en France l'Evêque exerce
cette Jurisdiction par son Official, qui
doit être Prêtre & Gradué.

2°. Que si un Diocèse ressortit à
différens Parlemens, outre l'Official
principal, l'Evêque doit encore en
avoir un forain dans le ressort de chaque Parlement. Ces Officiers forains
s'appellent Officiaux *in partibus.*

3°. Que l'appel des Officiaux principaux ou forains, se porte d'abord au
Métropolitain, de-là au Primat, & de
celui-ci au Pape.

4°. Que sur l'appel, le Pape ne peut
évoquer l'affaire à lui, & qu'il doit dé-
léguer, pour en connoître, des Juges
de la Province où les Parties ont plai-
dé. On les appelle Juges *in partibus.*

5°. Que la Jurisdiction Ecclesiasti-
que ne s'étend qu'aux matieres purement spirituelles, & que dès que le
temporel y est mêlé, ou que la Police
de l'Etat y est interessée, elles sont de
la Jurisdiction Laïque.

6°. Que de l'Official, l'affaire peut
même passer au Tribunal Laïc par
appel comme d'abus.

## Du Jugement des Evêques.

LE Jugement des Evêques coupables de quelque crime, eſt une des Cauſes qu'on appelle *Majeures*.

Juſqu'au Concile de Sardique tenu en 347. les Cauſes Criminelles des Evêques furent toujours décidées par des Conciles Provinciaux.

Ce Concile permit l'appel au Pape, qui dans cette occaſion donnoit pouvoir aux Evêques de la Province voiſine de juger l'appel.

Les fauſſes Décretales publiées vers l'an 836, changerent en ce point la Diſcipline de l'Egliſe, & on commença à prétendre que le Jugement des Evêques appartenoit au Pape, même en premiere inſtance : mais les Evêques de France ſe conſerverent toujours dans l'ancien droit, comme il eſt prouvé par un grand nombre d'exemples.

Il eſt vrai que ce droit reçut deux fois atteinte ſous le Cardinal de Richelieu.

La premiere fois en 1633. ſous l'Evêque d'Albi. La ſeconde en 1635. au

fujet de l'Evêque de S. Paul de Leon.
Ces deux Prélats furent jugés par des
Commiffaires nommés par le Pape.
Mais en 1650. l'Affemblée générale
du Clergé protefta folemnellement
contre cet attentat, & caffa ces deux
Jugemens; ainfi le droit des Evêques
de France eft établi de ce côté-là.

D'un autre côté, dans les cas privilegiés, c'eft-à-dire, où la Police de l'E-
tat eft intereffée, le Parlement prétend
être en droit de juger les Evêques; &
on voit par plufieurs exemples, qu'en
effet il a fouvent donné des Décrets de
prife de corps contre des Prélats : on
fçait même que de nos jours le Parlement a condamné plufieurs Mande-
mens des Evêques. Ainfi on peut dire
qu'à ce fujet la Jurifprudence n'eft pas
encore bien établie en France.

---

## Des Privileges des Ecclefiaftiques.

ON tient en France que les Ecclefiaftiques n'ont de Privileges que
ceux qu'ils tiennent du Roi. De-là il
s'enfuit que le Prince peut les reftraindre ou les révoquer, felon qu'il le juge
à propos.

Les Privileges dont les Ecclefiaftiques jouiffent en France, fe réduifent
à ceux-ci.

1°. Ils ne peuvent être affignés devant le Juge Laïc en matiere purement
perfonnelle, qui n'eft ni réelle, ni
mixte.

2°. Ils ne peuvent être exécutés en
leurs meubles, fervant au fervice divin,
ou à leur ufage : ils ont même leurs Livres francs, jufqu'à la fomme de 150.
livres.

3°. Ils ne peuvent être exécutés par
corps en matiere civile, fi ce n'eft en
cas de Stellionat, ou s'ils fe font mis
dans les Ordres pour frauder leurs
Créanciers.

4°. Ils font exempts de logemens de
gens de guerre, & leurs maifons jouiffent du droit de fauve-garde.

5°. Ils peuvent comme Nobles faire valoir par leurs mains une de leurs
terres fans payer de Taïlle.

6°. Ils peuvent rentrer dans les Domaines du Roi alienés, s'ils y étoient
affociés avec le Roi.

7°. En matiere criminelle ils ne peuvent être jugés qu'à la Grand'Chambre, s'ils le requierent.

8°. Les Curés & les Vicaires peuvent recevoir des Testamens, quoiqu'il y ait des legs pieux, pourvû qu'ils ne soient pas faits en leur faveur, ou de leurs parens.

Pour jouir de ces Privileges, il faut être au moins tonsuré, porter l'habit Clérical, desservir l'Eglise, & ne rien faire qui déroge à cet état.

---

## De la nomination aux Evêchés, & aux Abbayes.

LES Evêques furent d'abord établis par les Apôtres, & après leur mort par l'Eglise, c'est-à-dire, par le Clergé & par le Peuple.

Les Rois de France ayant succédés au droit du Peuple, nommerent aussi d'abord aux Evêchés & aux Abbayes.

Sous la premiere & la seconde Race, on ne trouve aucun Evêque, qui n'ait été nommé ou par le Roi seul, ou par son ordre, ou au moins de son consentement.

La foiblesse des Rois de la troisiéme Race laissa perdre ce droit. Les Chapitres & les Moines s'emparerent des

Elections, & de ceux-ci elle paſſa bien-
tôt au Pape par le moyen des Expectatives & des Réſerves.

On ne remédia à ce déſordre, ni par
la Pragmatique - Sanction établie par
S. Louis, qui en 1268. rétablit la liberté des Elections ; ni par les Conciles de Bâle & de Conſtance, qui firent
quelques Reglemens au ſujet des Réſerves & des Expectatives. C'eſt pourquoi en 1458. Charles VII. aſſembla
à Bourges le Clergé de ſon Royaume,
& de ſon avis y publia la fameuſe Ordonnance, appellée la *Pragmatique-
Sanction.* Par cette Ordonnance, le
Roi rétablit la liberté des Elections,
& abolit les Expectatives & les Réſerves.

La Pragmatique fut obſervée en
France pendant tout le Régne de Charles VII. & même ſous celui de Louis
XI. & de Charles VIII. Quant aux
Elections, Louis XII. la remit en vi-
gueur dans tous ſes Chefs en 1499. Enfin en 1515. François-I. & Leon X,
s'étant abouchés à Boulogne, la Pragmatique fut abolie par le Traité qu'on
a nommé le *Concordat.*

Par ce Traité, le Roi rentra en poſfession du droit de nomination aux Evêchés & aux Abbayes, & le Pape s'engagea à donner des Bulles à ceux qui feroient ainfi pourvûs, à deux conditions ; fçavoir, 1°. que le Roi ne nommeroit que des Sujets de vingt-fept ans pour les Evêchés, & de vingt-trois pour les Abbayes ; 2°. qu'excepté les Princes du Sang & les Religieux à qui il n'eft pas permis de prendre des degrés, ceux que le Roi nommeroit aux Evêchés, feroient au moins Licenciés en Théologie ou en Droit Canon. Par ce même Traité, le Roi accorda au Pape les Annates, c'eft-à-dire, une année entiere du revenu des Bénéfices. Le Concordat ne fut reçu en France qu'avec peine.

La Provence, la Bretagne & les Pays conquis, ne font point compris dans le Concordat : c'eft pourquoi le Roi obtint du Pape des Bulles d'Indult pour nommer aux Bénéfices de ces Provinces. Ainfi les Bulles qu'obtiennent les nouveaux Pourvûs de ces Pays, portent, *vigore Indulti*, au lieu que dans les autres on met, *vigore Concordatorum*.

Le Roi nomme aux Evêchés & aux

Abbayes par un Brevet figné du Secretaire d'Etat, qui a dans fon Département l'expédition de la feüille des Bénéfices. A ce Brevet, font jointes trois
Lettres du Roi, au Pape, au Cardinal
Protecteur de la Nation, & à l'Ambaffadeur de France.

Ces piéces jointes aux atteftations
néceffaires, font adreffées à Rome, à
l'Ambaffadeur, qui écrit fur le Brevet,
*Expediatur*. Ces piéces font enfuite re-
mifes au Cardinal Protecteur, qui dans
le Confiftoire fuivant, déclare que dans
le Confiftoire prochain il propofera
pour un tel Evêché. C'eft ce qui s'appelle *Préconifation*.

Dans le fecond Confiftoire, le Cardinal propofe le nouvel Elu. Le Pape
ordonne qu'on expédie fes Bulles. Le
Cardinal Protecteur en dreffe la Cédu-
le appellée *Confiftoriale*, qu'il envoye
au Vice-Chancelier; & celui-ci en fait
une autre, fur laquelle on expédie les
Bulles à la Daterie.

Il y a neuf Bulles pour un Evêché.

La premiere adreffée à l'Evêque
même, s'appelle *Bulle de Provifion*.

La feconde fe nomme *Munus Con-*
*fecrationis*, & eft adreffée aux Evêques
nommés

nommés pour sacrer le nouveau Prélat.

La troisiéme s'adreſſe au Roi.

La quatriéme au Métropolitain, & aux Evêques ſuffragans, s'il s'agit d'un Archevêque.

La cinquiéme au Chapitre.

La ſixiéme au Clergé du Diocèſe.

La ſeptiéme au Peuple.

La huitiéme aux Vaſſaux de l'Evêché.

Et la neuviéme s'appelle *Bulle de l'Abſolution.*

Avec les Bulles, le Pape envoye le *Pallium* aux Archevêques.

Après avoir reçu ſes Bulles, le nouveau Prélat eſt ſacré, & prête enſuite ſerment de fidélité au Roi : il peut même le prêter avant ſon Sacre, pourvû qu'il ait ſes Bulles; c'eſt ce ſerment qui forme la Régale dont je vais parler.

---

## De la Régale.

LA Régale n'eſt point un privilege, ou une grace accordée aux Rois de France, mais un Droit Royal, reconnu & approuvé par pluſieurs Papes & par diverſes Aſſemblées du Clergé de France, entr'autres par celle de

1682. Elle renferme un double droit.

Par le premier, le Roi jouit de tous les fruits & revenus de tous les Archevêchés & Evêchés vacans dans le Royaume, tant que la Régale dure.

Par le second, il confere tous les Bénéfices simples, vacans en Régale.

La Régale s'étendoit aussi autrefois sur les Abbayes, ce qui n'est plus en usage. A l'égard du revenu, il étoit autrefois porté au Trésor Royal. Charles V. fut le premier qui donna à la sainte Chapelle de Paris le reliquat des comptes des Régales. Charles VII. accorda à la même Eglise pendant trois ans, les profits des mêmes Régales. Les Rois suivans jusqu'à Charles IX. les lui accorderent pendant tout leur Regne, Charles IX. les lui donna à perpétuité. En 1642. Louis XIII. les lui ôta pour les donner aux successeurs des Prélats décédés; & pour dédommagement il unit à la sainte Chapelle l'Abbaye de S. Nicaise de Reims. Enfin après la révocation de l'Edit de Nantes, Louis XIV. retint le tiers du revenu des Régales, pour être employé en pensions pour les nouveaux Convertis.

Pour ce qui est de la Collation des

Bénéfices pendant la Régale, il n'y a plus lieu au droit de Dévolution. Perfonne ne peut pourvoir aux Bénéfices, que le Roi, & le Pape ne peut le prévenir. Il pourvoit en Régale *de Commenda in Commendam*, fans avoir befoin de Refcrit de Rome. Il n'eft point affujetti au droit des Gradués, & peut admettre la réfignation *in favorem*, quoique les Evêques ne le puiffent pas.

La Régale s'ouvre par la mort, par la permutation, par la promotion au Cardinalat, ou par litige, pourvû qu'il foit formé fix mois avant le décès de l'Evêque.

---

## De la Collation des Bénéfices.

L'EVESQUE eft cenfé le feul Collateur ordinaire des Bénéfices ; mais fon droit eft fort reftraint par les Chapitres des Cathédrales, qui dans beaucoup de Diocèfes partagent la Collation avec lui par les réfignations, par les préventions en Cour de Rome, par les Gradués, par le droit de Patronage, &c.

A l'égard des Bénéfices Réguliers, l'Abbé a le même droit que l'Evêque,

& est sujet à peu près aux mêmes res-
trictions.

En Bretagne & en Provence, le Pape pourvoit aux Bénéfices pendant six
mois de l'année.

L'Ordinaire n'a que quatre mois,
qui sont les derniers de chaque quartier; mais le Pape est obligé d'accorder l'Alternative aux Evêques, qui font
une résidence actuelle dans leurs Diocèses, & alors ils ont six mois, qui sont
Février, Avril, Juin, Août, Octobre & Décembre.

L'Alternative s'obferve dans les E-
véchés de Toul & de Verdun; mais le
Roi y est subrogé aux droits du Pape.

Pendant les mois de l'Ordinaire, le
Pape peut admettre toutes fortes de réfignations, même *in favorem*. Au contraire, pendant les mois du Pape,
l'Ordinaire ne peut recevoir que des
réfignations pures & fimples, & il faut
que le Réfignant furvive à la prife de
poffeffion du Réfignataire.

## Des Commendes.

DANS leur origine, les Commendes n'étoient pas perpétuelles, elles le devinrent ensuite, & furent fort communes dans le quatorziéme siécle. Leur usage est de faire posséder des Bénéfices Réguliers par des Ecclésiastiques Séculiers. En France la plûpart des Abbayes sont aujourd'hui en Commende.

Quand le Bénéfice vaque en regle, il est difficile de le mettre en Commende ; mais il y en a des exemples. Il y en a peu que le Bénéfice ait été remis en regle, après avoir vaqué en Commende.

Le Roi pourvoit toujours *de Commenda in Commendam* ; mais les Collateurs ordinaires n'ont pas ce droit. Les Cardinaux & quelques autres personnes en jouissent par un Indult du Pape.

Les Cardinaux ont même ce privilege, que le Pape ne peut leur refuser des Provisions en Commende, même pour les Bénéfices vacans en regle.

## Des Libertés de l'Eglise Gallicane.

ON ne regarde point en France les Libertés de l'Eglise Gallicane comme un privilege & une exception du Droit commun, mais comme la conservation d'un Droit ancien, & autrefois universellement reçu dans toutes les Eglises, contre lequel les entreprises des Papes n'ont point prévalu.

Ces Libertés se réduisent à deux Chefs. Le premier, qu'en France le Pape ne peut rien ordonner ni en général, ni en particulier, sur ce qui regarde le temporel; & qu'à cet égard les Ecclésiastiques même ne doivent pas lui obéir. C'est sur ce principe que l'Assemblée du Clergé de 1682. décida, que le Pape n'a nulle puissance, ni directe, ni indirecte sur le temporel des Rois, & qu'il ne peut dispenser les Sujets des Princes de la fidelité qu'ils leur doivent.

Le second Chef consiste dans le droit que l'Eglise Gallicane a conservé de se gouverner selon les anciens Canons, & de n'avoir aucun égard aux nouveaux usages introduits par la Cour de Rome. Ainsi, quoiqu'en France le Pape soit reconnu pour Chef de l'Eglise dans le spirituel, sa puissance y est bornée par les Canons & par les regles des anciens Conciles reçus dans le Royaume.

Ce droit est fondé sur ce que le Concile Général est supérieur au Pape, d'où l'Assemblée Générale du Clergé de 1682. a formé cette proposition : que le Pape doit être soumis à tout Concile légitimement assemblé.

De-là il suit qu'en France on peut appeller du Pape au futur Concile.

## Des Assemblées du Clergé.

DEPUIS le Regne de François I, les Assemblées du Clergé ont été fréquentes en France ; mais elles n'ont commencé à y être reglées que depuis 1606.

Ces Assemblées sont de deux sortes.

Les grandes se tiennent tous les dix ans, & on les appelle les *Assemblées du Contrat*, parce que c'est ordinairement dans ces Assemblées que le Clergé re-

nouvelle le Contrat des Rentes des Hô-
tels de Ville de Paris & de Touloufe,
contre lefquelles il protefte toujours.
C’eft auffi dans ces grandes Affemblées
que fe paffe le Contrat fait avec le Receveur général.

Les petites qu’on nomme les *Affemblées des Comptes*, fe tiennent de cinq
en cinq ans.

Ces Affemblées font convoquées par
une Lettre de cachet adreffée aux deux
Agens du Clergé, où font marqués le
tems & le lieu de l’Affemblée. Les
Agens en informent les Archevêques,
& ceux-ci les Evêques. Sur ces avis,
chaque Diocèfe envoye fes Députés à
l’Affemblée Provinciale, qui nomment
ceux qui doivent fe rendre en fon nom
à l’Affemblée Générale.

Les Affemblées du Clergé font donc
compofées des Députés de chaque Province Ecclefiaftique du Royaume, &
des deux Agens généraux du Clergé.

Chaque Province envoye aux grandes Affemblées quatre Députés : deux
du premier Ordre, c’eft-à-dire, Evêques ou Archevêques, & deux du fecond Ordre, c’eft-à-dire, Abbés,
Prieurs, ou poffédant dans la Province
quelque

quelque Bénéfice sujet aux Décimes.
Ceux-ci doivent être *in Sacris*. Dans
les petites Affemblées , il n'y a que
deux Députés de chaque Province , un
de chaque Ordre.

Les deux Agens font du fecond Ordre. Ils font nommés tour à tour par
les Provinces dans les petites Affemblées, & font en fonction pendant cinq
ans ; ils font chargés de toutes les affaires du Clergé Général , & les rapportent au Confeil. Ils ont la qualité
de Confeillers d'Etat pendant leur
Agence, & en ont les appointemens,

Le Préfident de l'Affemblée eft toujours un des plus anciens Archevêques :
on en élit encore plufieurs , qui font à
la tète des differens Bureáux. L'Affemblée va enfuite faluer le Roi, qui
y envoye quelques jours après fes Commiffaires pour demander au nom de Sa
Majefté , le Don gratuit ordinaire.
Lorfque toutes les cérémonies font fi-
nies, le refte des féances de l'Affemblée fe paffe à entendre le rapport de
l'Agence précedente, à examiner & à
arrêter les comptes du Receveur général , & à d'autres affaires particulieres.
La durée de l'Affemblée eft ordi-

nairement fixée à deux, trois ou quatre mois ; en forte que si le tems n'est
pas fuffifant pour finir toutes les affaires, l'Affemblée va néanmoins faire au
Roi la Harangue de clôture, après laquelle les Prélats continuent toujours
de s'affembler, mais ils affiftent aux
féances fans rochet & fans camail, &
viennent feulement en habit long. Tous
les Députés fignent l'arrêté des comptes du Receveur général. On fait un
département de ce que chaque Diocèfe
doit payer pour fa cotte part du Don
gratuit, & ce département eft arrêté
par toute l'Affemblée. La fignature du
Contrat pour le Don gratuit, fe fait à
la derniere audience que le Roi donne
aux Députes ; & le Clergé préfente enfuite les cahiers de fes demandes au
Roi, concernant le Temporel & la Jurifdiction.

Outre ces Affemblées, il y en a
d'extraordinaires qui fe tiennent pour
quelque affaire imprévuë ou d'importance, telle fut celle de 1682. Dans
celles-ci il n'y a d'autres Députés du
fecond Ordre que les deux Agens ; mais
on y appelle auffi les Députés des Provinces réunies à la Couronne, depuis

l'Assemblée de Poiffi. Au contraire
on ne les appelle point aux Affemblées ordinaires , qui regardent principalement les Impofitions à faire fur
le Clergé , parce que ces Provinces en
font exemptes.

---

## Des revenus du Clergé , des Décimes, & du Don gratuit.

LE Clergé eft très-riche en France. Selon quelques-uns, il poffede
9000. Châteaux, maifons, &c. 252000.
Métairies, 17000. arpens de vigne, &c.
Comme l'Eglife aliene difficilement,
& que par cette raifon les nouvelles ac-
quifitions qu'elle peut faire, font pré-
judiciables à l'Etat & aux droits des Seigneurs de Fiefs, on a établi deux ma-
ximes.

1°. Que l'Eglife ne pourra acquérir
d'immeubles fans des Lettres Patentes, appellées d'*Amortiffement*, parce
que pour les obtenir, il faut payer au
Roi un droit appellé d'*Amortiffement*,
ou *nouveaux Acquêts*, pour indemni-
fer l'Etat du dommage qu'il fouffre par
l'acquifition de l'Eglife. Ce droit eft

très-ancien, & remonte jusqu'au Roi Robert.

2°. Qu'outre le droit d'*Amortiſſe-ment* dû au Roi, l'Egliſe en payera encore un autre, appellé *droit d'indemnité* aux Seigneurs, dans la mouvance deſquels elle fait ſa nouvelle acquiſition.

A l'égard des Décimes, on voit par l'Hiſtoire, que ſous les deux premieres Races, les Eccleſiaſtiques comme les autres, faiſoient tous les ans en plein Parlement un don taxé ſur le pied du revenu de leurs terres.

Sous la troiſiéme Race, on ne voit point que ces contributions du Clergé ayent été ordinaires, mais les extraordinaires devinrent fréquentes, ſurtout à l'occaſion des Croiſades.

En 1188, Philippe-Auguſte s'étant croiſé, leva ſur les Eccleſiaſtiques la Dixme d'une année de leur revenu, d'où ces Impoſitions prirent le nom de *Décimes*. Enfin en 1516. les Décimes furent réduites au droit ordinaire par François I.

En 1561. le Clergé aſſemblé à Paris, accorda au Roi ſeize mille livres par an pendant ſix ans, Depuis ce tems

là, il s'obligea encore à differentes re-
prifes de payer tous les ans environ
douze mille livres pour acquitter les
rentes créées fur l'Hôtel de Ville de
Paris; & c'eft precifément à remplir ce
fond, que les Décimes ordinaires font
deftinées.

Elles montent à environ deux millions, & font employées à payer les
douze mille livres dont je viens de parler, les gâges des Receveurs Provinciaux
& Diocefains, les appointemens du
Receveur général du Clergé; les frais
des Affemblées Diocefaines, Provinciales & générales, les gratifications
ordonnées par les Affemblées, &c.

On voit par-là que les Décimes n'entrent point dans les coffres du Roi;
c'eft pour cette raifon que de tems en
tems il demande au Clergé des fecours
extraordinaires. C'eft ce qu'on appelle
*Don gratuit*. Depuis Louis XIII. il ne
s'eft point tenu d'Affemblées, qui n'ait
accordé de ces préfens au Roi.

Il y a des Maifons Ecclefiaftiques
qui font exemptes des Décimes, mais
elles payent le Don gratuit.

## Des Receveurs des Décimes.

POUR lever les contributions im‑
posées sur le Clergé, on a établi
dix‑sept Recettes Provinciales, appel‑
lées ordinairement *Généralités Eccle‑
siaftiques*, par rapport aux dix‑sept Gé‑
néralités que l'on comptoit dans le
Royaume, lorsque celles‑ci furent in‑
stituées.

Ces dix‑sept Généralités sont Paris;
Rouen, Caën, Nantes, Tours, Bour‑
ges, Poitiers, Bourdeaux, Toulouse,
Montpellier, Aix, Grenoble, Lyon,
Riom, Dijon, Châlons, Amiens;
chacune de ces Généralités comprend
plusieurs Diocèses, dans chacun des‑
quels il y a une Recette particuliere.

Dans chaque Assemblée générale du
Clergé, on dresse des Départemens,
qui reglent ce que chaque Diocèse doit
payer; & sur ces Départemens on fait
dans chaque Diocèse des répartitions
sur chaque Bénéfice sujet aux Déci‑
mes.

Sur ces répartitions, chaque Béné‑
ficier paye sa taxe entre les mains du

Receveur particulier du Diocèse. Ce-lui-ci remet ses deniers au Receveur Provincial de la Généralité, qui en-voye ensuite sa recette au Receveur gé-néral du Clergé.

Le Receveur général est un simple Commissionaire du Clergé, qui exerce en vertu d'un traité qu'il fait pour dix ans avec l'Assemblée.

Il y a dans chaque Généralité un Receveur Provincial, & un Receveur particulier dans chaque Diocèse. C'é-toient autrefois des Officiers créés par le Roi ; mais depuis 1720. ce ne sont plus que de simples Commis, qui reçoivent les gages du Clérgé.

---

## Des Bureaux Diocesains, & Chambres Ecclesiastiques.

LEs différends qui naissoient au su-jet des Décimes & des autres im-positions mises sur le Clergé, furent d'abord déterminées par les Juges or-dinaires. Charles IX. attribua aux Syn-dics généraux du Clergé le pouvoir d'en juger. Ceux-ci furent révoqués par Henri III. à la priere du Clergé, &

il établit les Chambres Ecclesiastiques pour connoître de ces différends. Enfin en 1626. le Clergé demanda à Louis XIII. des Bureaux Diocesains pour le même sujet, & les obtint.

Les Bureaux Diocesains jugent en dernier ressort, pourvû que la somme en question ne passe pas 20. liv. Ils sont composés de l'Evêque ou Archevêque du Diocèse, d'un Député du Chapitre de la Cathédrale, qui en quelques endroits est toujours le Doyen, d'un ou de deux Députés des autres Chapitres, d'autant pour les Réguliers, d'autant pour les Curés, & quelquefois d'un Député pour les Abbés & Prieurs Commendataires. Dans quelques Diocèses, ces Députés sont nommés par les Evêques, dans d'autres par leur Communauté, & dans quelques-uns par leur Office & Bénéfice même.

C'est aussi dans ces Bureaux que se fait la répartition sur chaque Bénéfice des Impositions ausquelles ce Diocèse est taxé.

Des Bureaux Diocesains on appelle au-dessus de 20. liv. aux Chambres Ecclesiastiques, dont chacune a plusieurs de ces Bureaux dans son ressort.

Il n'y en a que neuf, qui sont Paris, Lyon, Rouen, Tours, Toulouse, Aix, Bourdeaux, Bourges & Pô.

Chacune de ces Chambres est composée de l'Archevêque du lieu qui en est Président, des autres Prélats du ressort, d'un Député de chaque Diocèse du ressort, lequel doit être Gradué & dans les Ordres sacrés ; de trois Conseillers au Parlement, ou du Présidial de la Ville où la Chambre est établie, & qu'elle choisit, & d'un Promoteur qu'elle nomme.

Elle s'assemble tous les huit jours, & rend la justice gratuitement. S'il ne s'y trouve point de Prélat, c'est un des Conseillers qui préside. Ils doivent être au moins sept pour faire Arrêt.

---

## Des Réguliers.

VOICI ce que la France a de particulier sur cet article.

1°. Par l'Ordonnance de 1629. il est défendu d'établir aucun Monastere ou Maison Religieuse, sans Lettres Patentes du Roi.

2°. Selon la Jurisprudence des Par-

lemens, il est défendu de recevoir des
enfans de famille dans les Monasteres
sans le consentement de leurs parens.

3°. Par l'Ordonnance de Blois, il est
défendu à ceux qui se font Religieux,
de disposer de leurs biens au profit de
leur Monastere, ou de tout autre di-
rectement ou indirectement.

4°. La même Ordonnance fixe l'âge
requis pour faire Profession à seize
ans.

5°. Un Religieux peut reclamer contre ses Vœux, s'il prouve qu'on lui a
caché son état, & cela après les cinq
ans portés par le Concile de Trente.

6°. Les Religieux ne succedent
point, & sont même incapables de legs,
si ce n'est d'une pension modique. On
en excepte les Jésuites, qui, selon la
Déclaration de 1715. peuvent rentrer
dans leurs biens, & sont admis aux suc-
cessions échuës ou à écheoir, pourvû
qu'ils sortent de la Compagnie avant
l'âge de trente-trois ans.

7°. Le Monastere succede ordinairement au pécule des Religieux Bénéficiers.

8°. Les Religieux qui sont faits Evêques, ne succedent point à leurs pa-

tens , mais leurs parens leur succé-
dent.

---

## Du Gouvernement Civil.

LE Gouvernement Civil renferme
tout ce qui regarde la Justice, les
Finances , le Commerce , les Sciences
& les Arts.

---

## De la Justice.

AVANT toutes choses, il est nécessaire de voir quelle est l'origine d s Tribunaux, par qui la Justice est
administrée en France.

---

## Des Vicomtes , Vidames , & Echevins.

DANS les commencemens, la Justice fut administrée en France par
des Comtes que le Roi envoyoit dans
chaque Province , & qu'il révoquoit à
son gré. Ces Comtes établissoient leur

Tribunal dans la Capitale de la Province, & se nommoient des Lieutenans pour rendre la Justice en leur absence. Ils se nommoient *Vicomtes*, & depuis l'abolition de la Jurisdiction des Comtes, ils se conserverent en Normandie, où ils subsistent encore, & ont leur Jurisdiction.

Pour tenir les Comtes dans leur devoir, les Rois de la seconde Race envoyoient des Commissaires dans les Provinces pour y recevoir les plaintes des Peuples, & réformer les Jugemens. Ceux-ci choisirent pour leurs Assesseurs ou Conseillers, un certain nombre de notables Habitans des Villes où ils étoient, & les appellerent *Echevins*. Telle est l'origine de ces Magistrats, qui font le Conseil des Villes. Dans quelques-unes on a mis a leur tête un Maire, dans d'autres un Prévôt des Marchands, dans d'autres un Capitoul, &c.

Sous les Rois de la premiere Race, les Prélats qui possédoient des Fiefs considérables, commirent pour y rendre la Justice, des Officiers qu'ils nommerent *Vidames*, *Vice-Domini*, parce qu'ils tenoient la place des Seigneurs.

Cette Jurifdiction fubfifte encore dans quelques Provinces.

## *Des Bailliages, Sénéchauffées, & Préfidiaux.*

AU commencement de la troifiéme Race, la plûpart des grands Fiefs ayant été démembrés de la Couronne par l'ufurpation des Seigneurs, les Rois firent rendre la Juftice dans les Provinces qui leur refterent par des Vicomtes.

En même temps ils envoyoient tous les ans dans les Provinces des Commiffaires pour recevoir les plaintes des Peuples. Dans quelques-unes, ces Officiers furent appellés *Baillifs*, dans d'autres *Sénéchaux*.

Dans la fuite ces Officiers furchargés d'affaires, fe choifirent des Lieutenans pour les aider. Ceux-ci devinrent perpétuels, ainfi s'établit la Jurifdiction des Lieutenans des Bailliages & Sénéchauffées : aujourd'hui c'eft le Roi qui les nomme. Ce font eux qui prononcent les Sentences, mais elles font infcrites des noms des Baillifs ou

Sénéchaux, qui peuvent, quand il leur plaît, aller préfider au-deffus des Lieutenans.

Les Bailliages & Sénéchauffées ne jugeoient point en dernier reffort ; on en appelloit au Roi, & fouvent pour des intérêts de peu d'importance. Pour remédier à cet abus, on établit fous François I. & fous Henri II. un fecond Tribunal dans chaque Bailliage & Sénéchauffée. Ces Tribunaux furent appellés *Préfidiaux*, ils jugent en dernier reffort jufqu'à concurrence de 250, liv. à une fois payer, ou dix livres de rente.

## Des Juftices Seigneuriales.

LES Seigneurs ayant ufurpé les grands Fiefs, s'approprierent auffi le droit de faire rendre la Juftice dans leurs Terres, & à l'exemple du Roi, y établirent des Baillifs & des Sénéchaux.

Plufieurs de ces Juftices Seigneuriales ont été abolies par la reunion des grands Fiefs à la Couronne : cependant il y en a encore un grand nombre, qui subsistent dans les Fiefs particuliers des Seigneurs. On les distingue en haute & basse Justice, eu égard à l'étendue de leur Jurisdiction.

La haute Justice connoît de tous les Crimes & de tous les intérêts civils, excepté les Cas Royaux & Privilegiés.

La basse Justice connoît des Délits, dont l'amende ne passe pas six sols parisis, & de toutes matieres personnelles jusqu'a soixante sols parisis ; mais à dire vrai, elle n'est établie que pour connoître des Censives des Fiefs.

De ces Justices Seigneuriales, il y a appel à la Justice Royale.

---

## Des Justices Royales.

ELLES furent établies sur les Terres des Seigneurs pour juger certains Cas, dont la connoissance sembloit appartenir au Roi privativement à tout autre. Telle est l'origine des Cas qu'on nomme *Royaux* & *Privilegiés*.

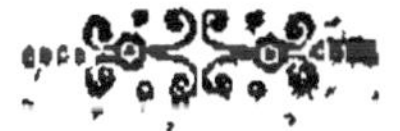

---

## Des Parlemens.

CE nom fut donné d'abord à ces grandes Assemblées que tenoient les Rois de la premiere Race, où ils rendoient la Justice à leurs Sujets, regloient les affaires les plus importantes de l'Etat, & décidoient des appels interjettés des Jugemens rendus dans les Provinces.

Ces Assemblées n'étoient composées dans leur origine que des Prélats, des grands Officiers de la Couronne, des Pairs & grands Seigneurs du Royaume; mais comme il se présentoit souvent des affaires d'une discussion difficile, on y a admis dans la suite des Jurisconsultes, ou gens versés dans les Loix, & on les appella *Maîtres du Parlement.*

Ce Parlement suivoit la Cour, ou plûtôt il la composoit. Philippe le Bel, ou, selon d'autres, Louis Hutin son fils, fut le premier qui le rendit sédentaire, en ordonnant qu'il s'assembleroit à Paris deux fois l'année. En même temps il établit un Echiquier à Roüen,

des

des Grands-Jours à Troyes, & un Parlement à Toulouse. Il semble que dès-lors le Roi ôta à ce Parlement la connoissance des affaires de l'Etat, ce qui se fonde sur trois raisons.

1°. Sur ce qu'il n'y a point de fondement de croire que le Roi ait attribué cette connoissance au Parlement de Paris, plûtôt qu'à celui qu'il établit en même temps à Toulouse, à l'Echiquier de Rouen, & aux Grands-Jours de Troyes, & qu'il y en a encore moins de penser qu'il l'ait attribuée également à ces Tribunaux.

2°. Sur ce que dans l'Ordonnance de cet Etablissement, il est dit seulement que le Roi le fait pour expédier plus promptement les Causes de ses Sujets.

3°. Sur ce que par cette Ordonnance, le Parlement de Paris ne devoit être composé que de treize Clercs ou Gens de Loi, & de treize Laïcs ou Chevaliers, présidés par deux Prélats & deux Seigneurs de la Cour : ce qui ne donne pas lieu de penser que le Roi ait prétendu mettre les affaires de son Etat entre les mains d'une telle Assemblée.

En 1330. Philippe le Long rendit

*II. Partie.* O

le Parlement de Paris continuel, & en
1344. sous Philippe de Valois, commença la qualité de *Président au Parlement*. Enfin sous Charles VI. & vers
l'an 1400. les Laïcs ou Chevaliers ces-
ferent de se trouver aux Assemblées,
& l'administration de la Justice resta
toute entiere entre les mains des Gens
de Loi.

Tous les ans le Roi donnoit aux
Présidens une robe d'écarlate, fourree
d'hermines, avec une toque ou mortier, ornée d'un cercle d'or, & aux
Conseillers une robe d'écarlate. De-là
est venu le nom de *Président à mortier*,
& l'habit des Membres du Parlement,
que quelques uns croyent être l'ancien
Manteau Royal.

Le Roi payoit les appointemens des
Officiers du Parlement, & ils rendoient
la Justice gratuitement. Sous Charles
VIII. on commença à faire payer les
Expéditions au Greffe, & sous Louis
XII. on établit les Epices, à l'occasion
du présent qu'un Plaideur avoit fait
à son Rapporteur.

Pendant ce temps-là, les Offices
étoient électifs, & l'Election se faisoit
au Parlement en présence du Chance-

IIer. Louis XII. fut le premier qui
vendit les Charges. François I. permit
cette vente aux Officiers, en lui payant
le quart de l'évaluation de la Charge,
& il établit pour recevoir ce droit, un
Tréforier des Parties Cafuelles. De-là
vinrent les Réfignations en faveur,
qui furent admifes, pourvû que l'Officier furvêcut quarante jours après fa
réfignation.

En 1569. Charles IX. abolit la Loi
des quarante jours, à condition qu'au
lieu du quart, on payeroit au Roi le
tiers de l'évaluation des Charges. Enfin fous Henri IV. & en 1640. on re-
renouvella la Loi de l'abolition des
quarante jours, à condition que les Officiers du Parlement payeroient tous
les ans aux Parties Cafuelles un droit
qui fut fixé au foixantiéme denier de
l'évaluation de leurs Charges. Ce droit
fut appellé *Droit annuel*, ou la *Paulette*, d'un certain Paulet Secretaire de
la Chambre du Roi, qui l'avoit ima-
giné. Henri III. avoit déja établi le
droit du Marc d'or, qui eft de cent
écus d'or, que payent tous les Officiers
qui obtiennent des provifions du Roi.
Ce droit fubfifte encore. Mais pour la

Paulette, en 1709. le Roi Louis XIV. ordonna que tous les Offices du Royaume feroient poffedés à titre de furvivance, moyennant le rachat & amortiffement du droit annuel & du prêt.

Je n'ai parlé que du Parlement de Paris , parce qu'il a été établi le premier , & que les autres ont fuivi les mêmes regles. Outre cela , il y en a onze en France : Voici leurs noms, avec l'année de leur érection.

1443. Touloufe,   1560. Rennes,
1453. Grenoble,   1620. Pau,
1472. Bourdeaux, 1633. Metz,
1494. Dijon,      1676. Befançon,
1499. Roüen,      1686. Douay.
1502. Aix,

Il y a outre cela, plufieurs Confeils Supérieurs.

Alface,         Quebec,
Rouffillon,     La Martinique,
Artois,         S. Domingue.

Outre les Parlemens, il y a en France d'autres Cours Supérieures , dont je parlerai en traitant des Finances.

## Du Grand-Conseil.

CE qui regarde le Grand-Conseil, est fort incertain : ce qu'on sçait, est qu'il fut érigé en Cour de Justice par Charles VIII. en 1492. & augmenté par Louis XII. en 1498.

Sa Jurisdiction s'étend par tout le Royaume en dernier Ressort.

Le Chancelier est seul Chef & Président-né de cette Compagnie.

Le Roi par son Edit du mois de Janvier 1738. après la mort de M. de Vertamont Premier Président du Grand-Conseil, supprima cette Charge, de même que celle des huit autres Présidens, & ordonna que la fonction de Président y seroit exercée à l'avenir par les Maîtres des Requêtes, en se réservant de nommer tous les ans un des Conseillers d'Etat pour y présider.

## Du Châtelet.

LA Jurisdiction du Châtelet est une Prévôté Royale, où il y a Présidial.

Il y a dans cette Prévôté un Lieutenant Civil, un Lieutenant de Police,
un Lieutenant Criminel, un de Robe
Courte, deux Lieutenans Particuliers,
qui font Affesseurs-Civils & Criminels;
plusieurs Conseillers, un Procureur du
Roi, qui a plusieurs Substituts; quatre Avocats du Roi, un Juge Auditeur, & plusieurs Commissaires.

Cette Jurisdiction est composée de
plusieurs Chambres : sçavoir, de la
Chambre de la Prévôté au Parc Civil,
de la Chambre Civile, du Présidial,
de la Chambre de Police, de la Chambre Criminelle; celle de M. le Prévôt
de l'Isle de France, de la Chambre de
M. le Procureur du Roi, & celle du
Juge Auditeur.

Messieurs du Parlement viennent tenir leur séance au Châtelet pour les
Prisonniers, cinq fois l'année.

Les Sermens se font deux fois l'année.

Louis XIV. de glorieuse mémoire
créa un nouveau Châtelet en 1674. en
supprimant toutes les Justices Seigneuriales, qui étoient dans l'étendue de la
Ville, Fauxbourgs & Banlieuë de Paris. Dix années après, le nouveau Châ-

relet fut réuni à l'ancien, avec fuppref-
fions des Offices.

---

## Du Confulat.

LA Juftice Confulaire eft Royale.
Cette Jurifdiction eft compofée
de cinq Marchands natifs du Royaume. Le premier s'appelle *Juge*, & les
quatre autres *Confuls*, lefquels connoif-
fent entre Marchands de toutes Con-
teftations en fait de Marchandifes. Ils
rendent la Juftice gratuitement, & ne
peuvent juger que lorfqu'ils font au
moins au nombre de trois.

Contre la maxime ordinaire, la preuve par témoins eft reçuë au-deffus de
cent livres dans la Jurifdiction des Confuls.

Tous ceux qui font trafic de Marchandifes, font réputés Marchands. Et
pour le fait de leur trafic, ils peuvent
être valablement pourfuivis pardevant
les Juge & Confuls, quoique privilegiés, fans pouvoir fe fervir de leur Privilege.

Les Caufes portées devant les Juge
& Confuls, doivent être jugées fom-

mairement, & les Parties y peuvent plaider fans le miniftere d'Avocats, ni de Procureurs, en forte qu'il y a une forme de procéder, toute particuliere dans cette Jurifdiction.

## Du Droit Civil.

LA France eft partagée en Pays de Droit écrit, & en Pays de Droit Coutumier.

Le Pays de Droit écrit comprend la Guyenne, le Languedoc, la Provence, le Dauphiné, le Lyonnois, le Forêt, le Beaujolois, & une partie de l'Auvergne. Dans toutes ces Provinces on fuit le Droit Romain.

Les autres Provinces forment ce que l'on appelle le *Droit Coutumier*, & fe gouvernent felon leurs Coutumes. Ces Coutumes ne font autre chofe qu'un mêlange des Loix des Francs, des Bourguignons, des Gots, des Lombards & des Normands. Ces Peuples porterent les Loix dans les Provinces qu'ils poffederent dans les Gaules, & les y firent obferver. L'ufurpation des Seigneurs, qui, fur la fin de la feconde

Race,

Race, & au commencement de la troisiéme, se rendirent Souverains dans
leurs Provinces, ajouta de nouvelles
Loix à ces anciennes. Delà est venuë la
diversité des Coutumes.

Chaque Province a la sienne, & il y
en a même de locales pour certaines
Villes & certains Territoires, qui dé-
rogent à la Coutume générale de la
Province. On en compte en tout deux
cent quatre vingt-cinq, dont il y en a
environ soixante de principales. La premiere rédaction des Coutumes faite par
autorité publique, est du Regne de
Charles VII. & de l'an 1453.

Outre les Loix Romaines & les
Coutumes, les Ordonnances des Rois
de France, font encore une des prin-
cipales parties du Droit de la Nation.
Les plus anciennes que l'on ait, font
les Capitulaires de Charlemagne, de
Louis le Debonnaire, & de Charles le
Chauve.

Le terme d'*Ordonnance* étoit en
usage dès le Régne de Philippe le Bel,
& comprenoit alors tout ce que l'on
appelle *Loix, Reglemens, Edits & Déclarations.* Il a encore aujourd'hui cette signification générale.

*II. Partie.* P

François I. commença à donner à
ce terme une signification particuliere.
Il appella *Ordonnance*, tout ce qui re-
gardoit les matieres générales, qui ont
rapport à la Justice.

Il se servoit du mot d'*Edit*, dans les
matieres particulieres qui ne concernent point la Justice ; & de celui de
*Déclaration*, lorsqu'il s'agissoit d'expliquer, de corriger les Ordonnances
& les Edits, d'y ajouter & d'y dimi-
nuer. Cette distinction s'observe encore aujourd'hui assez exactement.

Pour avoir force de Loi, les Ordonnances doivent être enregistrées
dans les Cours Supérieures : celles qui
regardent l'Etat ou la Famille Royale,
au Parlement de Paris : celles qui ne
regardent que les Provinces, aux Compagnies de ces Provinces : celles qui
concernent la Justice dans les Parlemens : celles qui regardent les Finances, aux Chambres des Comptes &
Cours des Aides.

Les Arrêts des Parlemens ont aussi
force de Loi en France, lorsqu'ils ont
rendus en forme de Reglement, & les
Chambres assemblées.

## Du Droit Ecclésiastique.

LE Droit Ecclésiastique ne consiste en France que dans l'ancien Corps des Canons, composé vers l'an 520. par Denis le Petit. On y joint les Décrétales de Grégoire IX. Celles de Clement V. appellées les *Clementines* & les *Extravagantes*, le tout entant qu'il ne s'y trouve rien de contraire aux Libertés de l'Eglise Gallicane.

Les Ordonnances publiées en divers temps par les Rois de France pour le maintien de ces Libertés, font encore une partie considerable de ce Droit. Telles font la Pragmatique - Sanction de S. Louis, celle de Charles VII: le Concordat, les Ordonnances d'Orleans & de Blois, & divers Edits.

## Du Chancelier.

LE Chancelier est en France le Chef de la Justice, & de tous les Conseils du Roi. Il a droit de présider dans toutes les Cours Supérieures.

Cette Charge est un des grands Offices de la Couronne & des plus anciens. Sous la premiere Race, elle fut exercée par celui qui gardoit le Sceau Royal, & qu'on nommoit *Grand-Référendaire*. Sous la seconde, il porta souvent le nom de *Notaire & Protonotaire*. Enfin il fut appellé *Chancelier*, parce qu'il étoit le Chef des Secretaires du Roi, nommés *Cancellarii*, des treillis qui les séparoient du peuple.

Remarquons à ce sujet, 1°. que ce ne fut que sous S. Louis que le Chancelier cessa de mettre son nom à la tête des Ordonnances du Roi.

2°. Que cette Charge a été long-temps élective, & que ce n'est que depuis Louis XI. que le Roi y nomme qui il lui plaît.

3°. Qu'elle est à vie, & qu'on ne peut l'ôter à celui qui en est pourvû, qu'en lui faisant son Procès.

4°. Que c'est le Chancelier qui dresse toutes les Ordonnances, Edits & Déclarations.

5°. Qu'il ne porte jamais le deüil, parce que, dit-on, la Justice ne meurt jamais.

## Du Garde des Sceaux.

ON ne voit pas qu'avant Louis XII. les Sceaux de France ayent été en d'autres mains que celles du Chancelier ; mais depuis ce Prince, on les donna souvent à un autre.

En 1551. Henri II. érigea le premier un Garde des Sceaux en titre d'Office, & depuis ce temps-là on en a vû plusieurs. Leur Charge n'est qu'une simple Commission, & le Roi leur ôte les Sceaux lorsqu'il lui plaît.

## Des Sceaux & des Chancelleries.

IL y a en France trois sortes de Chancelleries, qui sont la grande Chancellerie, celle des Parlemens, & celle des Présidiaux. Il y a aussi trois especes de Sceaux.

Dans la grande Chancellerie, on ne se sert que du grand Sceau, mais il est de trois sortes.

1°. L'ordinaire est de cire jaune, portant pour empreinte d'un côté l'image du Roi, & de l'autre, les Armes de France. On en fcelle les Ordonnances, Edits & Déclarations ; les Lettres de Provifions, d'Abolition, de Grace, de Naturalité, & généralement tout Acte public, qui eft cenfé partir immédiate. ment du Roi.

Le fecond s'appelle le *Sceau-Dauphin*, portant d'un côté l'image du Roi à cheval, armé de toutes pieces, & ayant à fon col l'Ecu de France écartelé de Dauphiné, & de l'autre, les Armes de France & de Dauphiné. On fcelle de ce Sceau toutes les Expéditions qui regardent le Dauphiné. En cire verte font celles qui font accordées à perpétuité, & en cire jaune celles qui ne font qu'à temps.

Le troifiéme grand Sceau a été établi par Louis XIV. pour la Nouvelle France, & les Indes Orientales & Occidentales.

Les premiers Officiers de la grande Chancellerie font les Secretaires du Roi : ils font très-anciens, puifqu'il en eft fait mention dès le Regne de Philippe de Valois. Louis XI. confirma leurs Privileges en 1482. & fe déclara leur Chef. Ils n'étoient alors que foi-

Rance, ils font aujourd'hui au nombre
de trois cent.

Leur fonction eſt d'aſſiſter au Sceau,
où depuis S. Louis, ils ſignent toutes
les Lettres qui doivent être ſcellées.
Cette Charge annoblit, pourvû qu'on
la poſſede pendant vingt ans, ou qu'on
en meurt revêtu.

Il y a encore dans la grande Chancellerie quatre grands Audienciers ſervant par quartier, chargés d'examiner
les Lettres que les Secretaires du Roi
préſentent au Sceau, & de les taxer.

Quatre Controlleurs généraux de
l'Audience, qui mettent les Lettres à
ſceller devant le Chauffe-cire, & les
retirent de lui pour les mettre au coffre.

Quatre Gardes des Rolles des Offices de France, ainſi appellées, parce
qu'ils tiennent regiſtre de tous les Offices de France qui ſont ſcellés. C'eſt entre leurs mains que ſe font les oppoſi-
tions au Sceau.

Outre ces Officiers, il y en a pluſieurs autres qui ſont à la nomination
du Chancelier, & dont les Charges
ſont de ſes Parties Caſuelles.

Les Sceaux des Chancelleries des
Parlemens portent tous les Armes de

France, & ont outre cela chacun leur marque diftinctive. En l'abfence du grand Sceau, on peut fceller avec celui du Parlement de Paris, toutes fortes de Lettres, furtout les Commiffions des Arrêts du Parlement & du Grand-Confeil. Le Sceau du Parlement de Paris eft tenu pendant fix mois par le Doyen, & pendant les autres fix mois par le plus ancien Maître des Requêtes de quartier, tour à tour. Il y a dans cette Chancellerie quatre Audienciers, quatre Controlleurs, quatre Référendaires.

Dans les autres Parlemens, il y a un Garde des Sceaux, qui ordinairement a en même temps une Charge de Confeiller au même Parlement. Mais s'il fe trouve dans la Ville un Maître des Requêtes, le Garde des Sceaux eft obligé de les lui remettre.

Les Sceaux des Préfidiaux font gardés par les Juges Préfidiaux, chacun à leur tour.

Les Lettres fcellées du grand Sceau ont force dans tout le Royaume. Celles qui font fcellées aux Parlemens, dans le reffort feulement du Parlement, dont elles portent le Sceau.

## Des Finances.

LEs Finances sont ordinaires ou
extraordinaires. Les ordinaires ne
consistent que dans le Domaine ; les extraordinaires, qui par l'usage sont de-
venues ordinaires, sont les Aides, Gabelles, Tailles, Taillon, Parties Casuelles, Amendes, Décimes, Capitation, Dixiéme, &c. J'ai parlé ailleurs
des Décimes.

## Du Domaine.

LE Domaine est le patrimoine des
Rois de France, & faisoit autrefois tout leur revenu ; il est ancien &
nouveau.

L'ancien ne consistoit qu'en deniers
& fruits recueillis des terres que les
Rois donnoient à redevance.

Aujourd'hui il consiste en droits
Royaux, comme de Régale, d'Amortissemens, Francs-Fiefs, de nouveaux
Acquets, d'Annoblissemens, de Ban &
d'Arriere-Ban, d'Aubeine, de Bâtar-

dife, de Deshérence, de Légitimation
& de Naturalité, de Confiscation, d'A-
mendes, d'Epices, de Tréfors & Biens
vacans, de Dixiéme des Mines, de Pê-
che, de Chaffe, Débris fur mer &
fur les grands fleuves, d'Atteriffemens,
d'Accroiffemens, d'Ifles & Illots, de
Dixmes inféodées, de Patronages, de
Greffes, de Tabellionnages, de Sceaux
aux Contrats, de Banmalités, de Foi-
res & Marchés, de Péages, Droits Féo-
daux & Seigneuriaux, Droits de poids
& mefures, & autres.

Le nouveau Domaine ne peut être
uni à l'ancien qu'expreffément ou tacitement. Expreffément par des Lettres
Patentes : Tacitement lorfque les Receveurs ou Fermiers du Roi en ont joüi
pendant dix ans, & en ont compté à la
Chambre.

Le Domaine eft inaliénable, excepté en deux cas, 1°. pour Appanage,
& alors il eft réverfible à la Couronne
par le décès fans hoirs de l'Appanagé.
2°. Lorfque l'aliénation fe fait à deniers comptans par des Lettres Patentes vérifiées au Parlement, & en ce cas
il revient à la Couronne, lorfqu'il plaît
au Roi de rembourfer les Engagiftes.

## Des Aides & Gabelles.

ON appella Aides les secours extraordinaires que le Roi exigeoit
autrefois de tems en temps de ses Sujets. Aujourd'hui on donne ce nom à
un impôt sur le vin.

Les Aides devinrent ordinaires &
perpétuelles sous Charles VII. & elles
furent reglées au vingtiéme du vin vendu en gros, & au huitiéme & quatriéme selon les pays & les charges du vin
vendu en détail.

On nomme Gabelles l'impôt sur le
sel, il commença sous Philippe le Bel
en 1286, & varia sous les regnes suivans. Philippe de Valois établit des
Greniers à sel en 1331. Sous François
I. l'impôt sur le sel étoit de 24 liv. par
muid ; on l'a augmenté depuis, & en
1660. le Royaume fut divisé en pays
de grandes Gabelles, de petites Gabelles, & exempt de Gabelles.

Dans le pays de grandes Gabelles,
le sel se vend à un plus haut prix. Il
comprend douze Généralités, qui sont
Paris, Soissons, Amiens, Chaalons,

Orleans, Moulins, Tours, Bourges, Dijon, Rouen, Alençon, & Caën pour les Elections de Caën & Bayeux feulement ; car dans le refte de la Généralité, on ne paye que le droit de quart bouillon pour le fel blanc.

Dans le pays des petites Gabelles, le fel fe vend à plus bas prix. Il comprend le Lyonnois, la Provence, le Dauphiné, le Languedoc & le Rouffillon.

En Franche-Comté, & dans les trois Evêchés, Metz, Toul & Verdun, le prix du fel eft différent.

---

# DES TAILLES,

### *Et de la maniere de les lever.*

**L**A Taille prit ce nom fous Charles VII. des tailles de bois, dont les payfans fe fervoient pour marquer ce qu'ils recevoient, lorfqu'ils ne fçavoient pas écrire.

La Taille fut levée pour la premiere fois par S. Louis au fujet de la premiere Croifade ; mais c'étoit alors une impofition extraordinaire Elle devint ordinaire & perpétuelle fous Charles

VII. On prétend que sous Louis XII. elle montoit déja à quatre millions sept cent mille livres. Henri II. y ajouta le Taillon pour payer sa Gendarmerie. Depuis ce temps-là, ces impositions ont augmenté à proportion des autres. C'est un des plus grands revenus du Roi.

Pour le lever, tous les ans le Roi fait dans son Conseil Royal des Finances un état de ce que doivent payer l'année suivante les dix-neuf Généralités Taillables du Royaume. Ensuite sur l'avis des Intendans, il fait dresser des états particuliers de ce que doit payer chaque Généralité & chaque Election en particulier, avec un état des charges ausquelles la Généralité & l'Election font obligées.

Cet Etat ainsi reglé, s'envoye dans chaque Généralité à l'Intendant & aux Trésoriers de France, avec des Lettres Patentes pour chaque Election, qu'on appelle *Commissions*; les Trésoriers de France mettent leur attache à ces Lettres, après quoi l'Intendant va dans chaque Election regler avec les Elus, le Receveur particulier & quelques Trésoriers de France, le Déparcement de la Taille, c'est-à-dire, ce que chaque Paroisse doit payer.

Après cela on choisit dans chaque Paroisse deux Habitans Taillables, qu'on nomme *Collecteurs*. Ceux-ci font les répartitions sur chaque Habitant de la somme à laquelle la Paroisse est imposée. Ils levent toutes ces petites sommes, & les remettent au Receveur particulier de l'Election.

Celui-ci après avoir acquitté les dettes particulieres de l'Election, portées par l'Etat du Roi, remet le surplus de sa recette au Receveur général de la Généralité. De toutes ces recettes particulieres, ce dernier acquitte de même les charges de la Généralité, ensuite il porte le restant au Trésor Royal.

Des dix-neuf Généralités Taillables, la Taille est personnelle dans seize, & il n'y a que les Nobles, les Ecclésiastiques & les Exempts, qui n'y soient pas sujets. Dans trois, qui sont celles d'Auch, de Montauban & de Grenoble, la Taille est réelle, & se paye par les terres, sans avoir égard à la qualité des personnes.

Dans les Généralités où la Taille est

réelle, on a des Regiſtres nommés *Ca-*
*daſtres* , où ſont reglées les ſommes
que doit payer chaque fonds de terre à
proportion des autres ; ainſi il n'y a
point de difficulté pour les répartitions.

Les conteſtations qui ſurviennent au
ſujet des Tailles, ſont jugées en premiere inſtance par les Officiers des
Elections. De-là il y a appel à la Cour
des Aides au-deſſus de 50. liv.

Les Pays d'Etat ne payent point de
Tailles, mais ils font au Roi un don
gratuit , tous les trois ans comme
en Bourgogne , tous les deux ans
comme en Bretagne , où tous les ans ,
comme en Languedoc, Provence, Artois , Pays de Foix , Bearn , baſſe Navarre , &c.

## De la Capitation , & du Dixiéme.

LA Capitation , ainſi appellée ,
parce qu'elle ſe paye par tete, fut
établie pour la premiere fois en 1695.
& abolie deux ans après. Elle fut rétablie en 1701. & eſt devenue depuis une
impoſition ordinaire , perſonne n'en eſt
exempt.

Il en eſt de même du Dixiéme, qui eſt auſſi devenu en partie un Impôt ordinaire. Il ſe leve ſur les fonds, charges, emplois, ou Commiſſions d'Epée, de Robe où de Finance, & ſur les Rentes de l'Hôtel de Ville de Paris.

Le Dixiéme fut premierement établi en 1710. Le Roi l'ôta en 1718. mais il le conſerva ſur toutes les parties payées des deniers de Sa Majeſté : c'eſt ce qu'on appelle *le Dixiéme de retenuë;* il a été rétabli dans cette derniere guerre, & n'eſt pas encore aboli.

---

## Des Généralités & Elections.

LA France eſt diviſée par rapport aux Finances en vingt-cinq Généralités, dont dix-neuf ſont en pays d'Election, & ſix en pays d'Etats.

Dans chaque Généralité il y a un Intendant nommé par le Roi pour regler la Juſtice, la Police & les Finances. J'ai déja remarqué que ces Intendans ſont preſque toujours pris d'entre les Maîtres des Requêtes. On en envoye auſſi quelquefois dans les Provinces

ees où il n'y a point de Généralités,
comme en Flandre, en Alsace, en Franche-Comté, & dans le Roussillon. Cela
forme six Intendances.

Il y a aussi dans chaque Généralité
un Bureau de Trésorier de France qu'on
nomme aussi *Bureau des Finances*.

L'origine des Trésoriers de France
est aussi ancienne que celle de la Chambre des Comptes de Paris, dont ils ont
été membres pendant long - temps.
Henri II. les multiplia jusqu'à vingt-
six. & Louis XIII. mit la derniere
main à l'établissement de leurs Bureaux.

Ils connoissent des réparations de
tous les Ouvrages publics, ce qu'on appelle *la Voyerie*. Toutes Lettres qui
regardent le Domaine du Roi, ainsi
que celles qui concernent la levée des
Tailles, doivent leur être adressées. Ils
ont séance & voix délibérative dans les
Chambres des Comptes & Cours des
Aides, & sont Commissaires-nés des
Chambres des francs-Fiefs, du Domaine & du Terrier. Enfin ils jouissent des
mêmes privileges que les Commen-
çaux de la Maison du Roi.

Chaque Généralité est divisée en plusieurs Elections. On en rapporte l'origine au Roi Jean, qui en 1355. ayant ordonné un Impôt sur les Denrées, établit dans chaque Bailliage trois Juges élus d'entre les trois Etats, pour connoître des différends qui surviendroient au sujet de cette imposition.

Chaque Election est composée de Présidens, & de plusieurs Elus. Ils connoissent de tout ce qui regarde les Tailles & autres Impositions, l'on appelle de leurs Sentences à la Cour des Aides.

Voici le nom des vingt-cinq Généralités, avec le nombre des Elections qui en dépendent.

| Elections. | Généralités. | Elections. | Généralités. |
|---|---|---|---|
| 22. | Paris, | 9. | Alençon, |
| 6. | Amiens, | 14. | Roüen, |
| 6. | Soissons, | 12. | Orleans, |
| 12. | Chaalons sur Marne, | 6. | Bourges, |
| 4. | Lyon, | 7. | Moulins, |
| 7. | Montauban, | 6. | Riom, |
| 9. | Bourdeaux, | 14. | Ausch, |
| 5. | Limoges, | 7. | Rennes, |
| 8. | Poitiers, | 12. | Dijon, |
| 14. | La Rochelle, | 6. | Grenoble, |
| 16. | Tours, | 24. | Aix, |
| 9. | Caën, | 12. | Montpellier, |
|  |  | 11. | Toulouse. |

## Des Cours Supérieures qui connoissent des Finances.

J'AI déja parlé du Conseil Royal des Finances, & des Membres dont il est composé, du Controlleur-Général & des Intendans des Finances ; outre cela, les Cours Supérieures qui connoissent des Droits du Roi, sont les Chambres des Comptes, les Cours des Aides, les Cours des Monnoyes, & les Eaux & Forêts.

Il est vraisemblable que la Chambre des Comptes de Paris est aussi ancienne que la Couronne, parce qu'il y a lieu de croire, que de tout temps les Rois de France ont eu des Officiers préposés pour faire rendre compte à ceux qui manioient leurs revenus. Elle devint sédentaire même avant le Parlement, & par différens degrés, elle est parvenuë à l'état où elle est aujourd'hui.

Elle est composée d'un premier Président, Charge, qui, depuis Louis XII. est possedée de pere en fils par la Maison de Nicolaï, de douze Présidens, quatre-vingt Maîtres des Comptes, de quarante Correcteurs, & de quatre-vingt Auditeurs, d'un Avocat Général, d'un Procureur Général, de son Subſtitut, de pluſieurs Greffiers, Payeur des Gages, Controlleurs, Huiſſiers & Procureurs.

Les Maîtres des Comptes tiennent le grand & le ſecond Bureau ; les Correcteurs & les Auditeurs ont chacun le leur.

Cette Chambre fut long temps unique dans le Royaume ; enſuite on en établit pluſieurs autres pour la commodité des peuples. On en compte, outre celle de Paris, onze autres, qui ſont celles de Dijon, Roüen, Grenoble, Nantes, Aix, Dole, Blois, Montpellier, Pau, Metz, & Lille.

Celles de Pau & de Metz ſont unies à leurs Parlemens.

Il appartient aux Chambres des Comptes d'examiner & d'arrêter les comptes de tous ceux qui manient les deniers du Roi, que l'on appelle *Officiers comptables*, & de les juger ſouverainement, de recevoir les ſermens de fidélité, & les foi & hommages des Vaſſaux de la Couronne ; toutes Lettres, Ordonnances & Déclarations, qui regardent le Domaine ou les Finances du Roi, doivent y être enregistrées; tous les Officiers de la Couronne & des Finances doivent s'y faire recevoir.

Les Cours des Aides, doivent, dit-on, leur origine au Roi Jean, qui en 1355. ayant établi des Elus dans chaque Bailliage, voulut qu'il y eut aussi trois Généraux tirés des trois Etats, pour juger en dernier ressort les appellations de leurs Jugemens.

On compte en France douze Cours des Aides, qui sont celles de Paris, Montpellier, Roüen, Aix, Clermont, Vienne, Pau, Montauban, Bourdeaux, Rennes, Grenoble & Metz.

Celles de Roüen & de Montpellier font unies aux Chambres des Comptes des mêmes Villes. Celles de Pau, de Bourdeaux, de Rennes & de Metz, ont aussi été réunies aux Parlemens de leurs Provinces.

Les Cours des Aides connoissent de tout ce qui regarde les Tailles, Aides, Gabelles, Fermes & autres Droits du Roi, & jugent les appels des Elections, Gabelles, &c.

Les Cours des Monnoyes jugent souverainement de tout ce qui concerne les Monnoyes, des Officiers qui y sont employés, & meme de la Manufacture des Ouvrages d'or & d'argent. Elles connoissent aussi du crime de fausse Monnoye.

Il n'y avoit d'abord que trois Généraux des Monnoyes; Philippe le Bel les rendit sédentaires à Paris en même temps que le Parlement & leur nombre s'augmenta dans la suite. En 1551. Henri II. les érigea en Cours Supérieures sous le titre des *Monnoyes*. Elle fut long-temps seule pour tout le Royaume, jusqu'à ce qu'en 1704. on en créa une seconde à Lyon.

Ce fut sous Philippe le Hardi que l'on commença à faire des Ordonnances pour la conservation des Bois & Forêts du Roi. En même temps on établit un Maître des Eaux & Forêts pour les faire exécuter. Henri III. supprima cette Charge en 1575. & créa à la place six Grands-Maîtres Enquêteurs & Généraux Réformateurs des Eaux & Forêts.

Aujourd'hui les Eaux & Forêts du Royaume sont distribuées en dix-sept grandes Maîtrises, qui sont celles de

Paris, Soissons, Picardie, Champagne, Hainault, Alsace, Bourgogne, Lyonnois, Languedoc, Guyenne, Poitou, Touraine, Rouen, Bretagne, Caën, Alençon & Blois.

Dans chaque grande Maîtrise il y a encore plusieurs Maîtrises particulieres qui en relevent. Elles connoissent de toutes les malversations commises dans les Bois du Roi & des Particuliers, dans les Garennes, Rivieres, Isles, Moulins, Pêches, Chasses, droits de Grurie, &c. tant au Civil qu'au Criminel.

La Jurisdiction des grandes Maîtrises est établie à la Table de Marbre du Parlement dont elles ressortissent.

Il y a cependant six Parlemens qui n'ont point de Table de Marbre : Ce font ceux de Grenoble, Aix, Dijon, Pau, Bourdeaux & Metz.

La Table de Marbre est établie au Palais à Paris ; outre sa Jurisdiction commune, elle reçoit les six Appellations des six Parlemens où il n'y a point de Table de Marbre. Elle jouit aussi du droit de prévention sur les Officiers des Eaux & Forêts des autres Parlemens. Enfin les Ducs & Pairs y ont leurs Caufes commifes, quoique les chofes en litige reffortiffent d'un autre Parlement.

Cette Jurifdiction eft ordinaire & extraordinaire.

De l'ordinaire à laquelle les grands Maîtres peuvent préfider, il y a appel au Parlement.

L'extraordinaire juge en dernier reffort, & alors c'eft le Premier Préfident du Parlement qui y préfide, affifté de fept Confeillers de la Grand-Chambre, & de quatre Officiers de cette Jurifdiction.

## Du Commerce.

IL ne paroît pas que le Commerce ait été fort cultivé en France fous les deux premieres Races : on trouve feulement que Charlemagne établit un Roi des Merciers, pour avoir infpection fur tous les Marchands Merciers du Royaume.

Les Rois de la troifiéme Race s'appliquérent davantage à ce qui concernoit le bien du Commerce. Philippe le Bel & Louis XII. firent quelques Ordonnances à ce fujet.

Il seroit devenu florissant sous François I. sans les guerres dont son Regne
fut agité. On ne laissa pas cependant de
découvrir alors le Canada & les côtes de l'Amérique, depuis le Cap Breton jusqu'à la Floride & la Virginie.

Sous Henri II. les François commencerent le Commerce du Levant, &
firent des établissemens à Constantinople, à Alexandrie, dans l'Isle de Chy-
pre, & à la côte de Syrie.

Henri IV· supprima le Roi des
Merciers, & établit à sa place un
Maître Visiteur & Général Réforma-
teur des Marchandises. Il forma une
Chambre de Commerce, établit la
Manufacture des Gobelins, & plusieurs
autres à Paris & dans les Provinces.
Il fit aussi planter des Mûriers en divers endroits du Royaume pour la nour-
riture des vers à soye, & affecta pour
cette dépense cent mille livres par an à
prendre sur les Tailles.

Le Commerce se perfectionna sous
Louis XIII. qui donna à ce sujet une
fameuse Ordonnance en 1629. Par un
des Articles il accorda plusieurs fran-
chises & privileges aux Ouvriers étran-

*II. Partie.*                               R

gers qui viendroient s'habituer en France.

Par une autre, il permit à la Noblesse de France de faire le Commerce de la Mer en Gros, sans déroger. Il se forma sous ce Regne plusieurs Compagnies de Négocians.

Enfin le Commerce se perfectionna sous Louis XIV, & la France produisit alors ces grandes Compagnies, qui en mourant, ont produit celle qui soutient seule aujourd'hui tout le Commerce du Royaume. Ce Prince publia à cet effet deux Ordonnances fameuses, l'une de 1673. pour le Commerce de terre, l'autre de 1681. pour célui de mer.

## Des Compagnies du Commerce.

DEPUIS Louis XIV. il y a eu en France douze Compagnies de Commerce, dont une seule subsiste aujourd'hui, & a absorbé toutes les autres.

La premiere fut établie en 1664. sous le nom de *Compagnie des Indes*

*Occidentales.* Le Roi lui accorda le Commerce exclusif dans toutes les Terres fermes, Côtes & Isles de l'Amérique, avec celui des Côtes de l'Afrique, depuis le Cap-Verd jusqu'à celui de Bonne-Espérance. Il lui donna aussi entr'autres privileges, l'exemption de la moitié des droits des Fermes pour toutes les Marchandises qu'elle feroit entrer & sortir du Royaume. Cette Compagnie fut supprimée en 1674.

Dans la même année se forma la Compagnie des Indes Orientales, à qui le Roi donna le Commerce exclusif de la Mer du Sud, & depuis le Cap de Bonne-Espérance jusques dans toutes les Indes. Il lui donna aussi l'Isle de Madagascar ou de Saint-Laurent, pour en jouir à perpétuité, ne s'en réservant que la foi & hommage.

Cette Compagnie eut encore plusieurs autres grands privileges, comme d'être exempte des droits d'entrée pour tous les bois, chanvres, munitions de guerre & nécessaires à la construction & avitaillement de ses vaisseaux, & de tous droits d'entrée & de sortie pour les Marchandises qu'elle feroit entrer en France, pour les porter ensuite dans les

Pays Etrangers. Cependant elle n'eut aucun succès. En 1714. le Roi fit en-vain de nouveaux efforts pour la soute-nir, on fut obligé en 1719. de la réu-nir à la Compagnie des Indes.

En 1669. il se forma deux Compa-gnies pour faire le Commerce ; l'une en Hollande & dans le Nord ; l'autre dans la Méditerranée & les Echelles du Le-vant. Toutes deux se sont éteintes.

En 1673. se forma la Compagnie du Sénégal. D'abord la Compagnie des Indes Occidentales qui subsistoit en-core, ne lui accorda que le Commerce du Sénégal, du Cap-Verd, & de la Riviere de Gambie. Ensuite cette Com-pagnie ayant été supprimée en 1674. en 1679. les Directeurs du Domaine d'Occident céderent à celle du Séné-g'al tout le Commerce des Côtes de Guinée, jusqu'au Cap-Verd. En 1681. le Roi réduisit ce Commerce sur le pre-mier pied, en y ajoutant seulement l'Isle de Gorse. Enfin en 1685. il l'é-tendit jusqu'à la Riviere de Serre-Lyonne.

Cette Compagnie n'eut encore au-cun succès, elle passa en différentes mains, & fut enfin réunie en 1718. à la Compagnie des Indes.

En 1683. les François ayant peuplé l'Acadie, Province de l'Amérique Septentrionale, il se forma une Compagnie sous le nom de *la Compagnie d'Acadie*, à qui le Roi accorda pour vingt-ans le Commerce exclusif du Castor & autres Pelleteries. Son privilege étant expiré en 1703. elle n'en demanda pas la prorogation, & s'éteignit.

La Compagnie de Guinée s'établit en 1686. & partagea avec celle du Sénégal les débris de la Compagnie des Indes Occidentales. Le Roi lui accorda le Commerce des Côtes de Guinée, depuis la Riviere de Serre-Lyonne jusqu'au Cap de Bonne-Espérance.

En 1702. elle changea de nom, & prit celui de *Compagnie de l'Assiente*, à cause du Traité qu'elle fit avec le nouveau Roi d'Espagne Philippe V. pour la fourniture des Negres. Mais ce Traité ayant passé aux Anglois par la Paix d'Utrecht, cette Compagnie s'éteignit. Elle fut une des plus avantageuses à la France.

Dès 1660. il s'étoit formé une Compagnie de la Chine, qui avoit été supprimée par l'établissement de celle des Indes Occidentales. En 1698. il s'en

forma une nouvelle , qui eut d'abord
affez de fuccès, mais dont le Commerce languit enfuite à l'occafion de la
guerre pour la fucceffion d'Efpagne.
On prit ce prétexte en 1712. pour
tranfporter fon privilege à une troifiéme Compagnie de la Chine, qui n'eut
pas un fuccès plus heureux , & qui en
1719. fut réunie à la Compagnie des
Indes.

Il fe forma encore en 1698. une Compagnie de Saint - Domingue à qui le
Roi accorda le Commerce de cette
Ifle avec de grands privileges ; elle fut
fupprimée en 1720. & réunie à celle
des Indes.

Depuis que la Compagnie des Indes Occidentales avoit été fupprimée
en 1674. le Commerce du Caftor avoit
paffé fucceffivement à l'Adjudicataire
du Domaine d'Occident, enfuite aux
cinq groffes Fermes & à la Compagnie
d'Acadie. On le transféra en 1700.
à la Colonie du Canada, qui n'y trouvant pas fon compte, le céda en 1706.
à une Compagnie du Canada ou du
Caftor. Son privilege qui étoit pour
douze ans, étant prêt d'expirer en 1717.
ce Commerce fut réuni à la Compagnie des Indes.

En 1710. les François s'étant rendus maîtres fur les Anglois de la Baye
de Hudfon, il fe forma auffi-tôt une
Compagnie qui prit ce nom. Mais ce
Pays ayant été rendu aux Anglois par
la Paix d'Utrecht, la Compagnie fut
fupprimée.

---

## De la Compagnie des Indes.

CEtte Compagnie qui eft la dou-
ziéme de celles dont j'ai parlé,
mérite bien un Article féparé, puif-
que c'eft dans elle que toutes les autres
fe font fondues, & qu'aujourd'hui elle
fait feule tout le Commerce de la
France.

Dès l'an 1682. le Miffiffipi ou la
Louifiane avoit été découvert par les
François, mais ce ne fut que plufieurs
années après, & vers 1692. qu'ils y
établirent une Colonie.

En 1712. le Roi voulant établir un
Commerce confidérable en ce Pays,
en accorda le privilege pour quinze
ans au fieur Crozat, à l'exception cependant du Commerce du Caftor
qu'avoit la Compagnie du Canada.

En 1717. le Privilege de cette Compagnie étant prêt d'expirer, & le sieur Crozat ayant remis le sien, le Roi créa la Compagnie d'Occident, dans laquelle il permit à tous ses Sujets d'entrer sans déroger. Dès lors cette Compagnie eut tout le Commerce exclusif de la Louisiane & du Castor. Le Roi lui céda à perpétuité la propriété de tout le pays compris dans le Gouvernement de la Louisiane, ne s'en réservant que la foi & hommage, avec une Couronne d'or du poids de 30. marcs, dont la Compagnie doit faire présent à chaque mutation de Roi.

Pour faciliter à ses Sujets d'entrer dans ce Commerce, le Roi ordonna que les fonds de la Compagnie seroient partagés en Actions de 500. liv. chacune; que ces fonds seroient fournis en Billets d'Etat, pour lesquels on délivreroit des Billets d'une ou de plusieurs Actions payables au Porteur, & qu'il seroit permis de négocier ces Billets d'Actions. On accorda aux Porteurs de 50. Actions voix délibérative aux Assemblées, deux voix à ceux qui seroient Porteurs de cent, &c.

En 1718. la Ferme du Tabac fut

unie à la Compagnie pour six ans, moyenant quatre millions qu'elle paye-roit par an à Sa Majesté. Cette même année la Compagnie du Sénégal lui fut réunie.

En 1719. les Compagnies des In-des Orientales & de la Chine furent réunies à la Compagnie, qui prit dès-lors le nom de *la Compagnie des Indes*. Par cette union, elle entra dans tous les droits & privileges de ces deux Compagnies en payant leurs dettes.

En même temps le Roi accorda à la Compagnie pour neuf ans le profit & bénéfice de la fabrication des Espéces d'or & d'argent qui se feroient dans le Royaume, moyennant cinquante mil-lions payables en quinze mois.

Peu de temps après, Sa Majesté réu-nit à la Compagnie pour neuf ans les Fermes générales, moyennant cinquan-te-deux millions par an.

Enfin la même année le Roi lui ac-corda aussi pour neuf ans les Salines de Moyenvic, les Gabelles des trois Evê-chés, avec les Gabelles & Domaines de Franche-Comté & d'Alsace, & lui attribua tous les droits & taxations des Receveurs généraux des Finances qui furent supprimées.

En 1720. la Banque fut réunie à la Compagnie à ces deux conditions principales, 1°. que la Banque demeureroit Royale, & que le Roi resteroit garant du payement & de la valeur des Billets ; 2°. que la Compagnie compteroit au Conseil & à la Chambre des Comptes de la dépense & de la recette de la Banque.

Cette même année le Roi ôta à la Compagnie le privilege exclusif du Commerce du Castor qui demeura libre, & lui accorda en dédommagement un droit de neuf sols par livre de Castor gras, & de six sols par livre de Castor sec à son entrée dans le Royaume.

En même temps le Roi réunit à la Compagnie celle de Saint-Domingue avec tous ses droits & privileges.

Au commencement de 1721. le Roi retira de la Compagnie le bénéfice des Monnoyes, les Fermes générales, & rétablit les Receveurs généraux dans leurs fonctions. Six mois après, on lui ôta aussi la Ferme du Tabac.

Enfin le 26. Janvier de la même année, fut rendu le fameux Arrêt du Conseil, par lequel, 1°. la Compa-

gnie fut chargée de compter de tous
les Billets de Banque qui avoient été
faits ; 2°. toutes les négociations qui
en avoient été faites, furent mifes fur
le compte de la Compagnie.

On voit par cet expofé, qu'en 1721.
à l'égard du Commerce, fi l'on en excepte celui du Caftor, la Compagnie
des Indes jouiffoit feule de tout le Commerce partagé auparavant entre plufieurs.

A l'égard de fes fonds,

1°. Lors de fon érection, ils furent
faits à cent millions en Billets de l'Etat
& de la Caiffe commune, ce qui for-
moit deux cent mille Actions à 500. liv.
chacune.

Pour faire ce fonds de cent millions,
le Roi créa quatre millions de rente au
denier vingt-cinq, deux fur la Ferme
du Controlle, un fur la Ferme des
Poftes, & un fur celle du Tabac.

2°. Les fonds de la Caiffe fe trou-
verent remplis en 1718. Ainfi la Compagnie fe trouva riche alors de quatre
millions de revenu au principal de cent
millions. Je viens de dire fur quoi ces
quatre millions furent d'abord affignés,
ils furent enfuite tranfportés fur la Fer-

me du Tabac, lorsqu’elle fut donnée à
la Compagnie.

3°. En 1719. le Roi permit d’abord
à la Compagnie de faire pour vingt-
cinq millions de nouvelles Actions
payables en argent ; ensuite ayant donné au Roi cinquante millions pour
avoir le bénéfice des Monnoyes, il fut
encore permis à la Compagnie de faire
pour vingt-cinq autres millions d’Actions à raison de mille livres chacune.
Enfin en prenant les Fermes, la Compagnie prêta au Roi douze cent millions pour lesquels il lui fut constitué
trente-six millions de rente. Ces douze cent millions furent ensuite portés
jusqu’à quinze. Après cela le Roi permit encore à trois reprises de faire pour
cent cinquante millions d’Actions de
5000. liv. chacune, payables par dixié-
mes de mois en mois, ce qui fut ensuite prorogé jusqu’au terme de trois mois
en trois mois.

Ainsi à la fin de 1719. le Roi étoit
redevable à la Compagnie de seize cent
cinquante millions , pour lesquels la
Compagnie jouissoit de quarante millions de rente : sçavoir, quatre millions
sur le Tabac , & trente-six millions sur
les Fermes.

En même temps elle se trouvoit redevable de trois cent cinq mille Actions, moyennant quoi elle étoit redevable de trois cent huit millions huit
cent cinquante - cinq mille livres de
fonds.

Je viens de dire que le Roi lui en
devoit seize cens cinquante, & que
pour cela il lui avoit assuré une rente
d'un milliard de fonds, ainsi il n'est pas
étonnant que dans l'Assemblée tenuë le
30. Décembre de cette année, le Divident des Actions ait été fixé à quarante pour cent, surtout si l'on fait at-
tention que la Compagnie jouissoit outre cela du bénéfice des Monnoyes &
du revenu des Salines dont il a été
parlé.

Il n'est pas aussi facile de suivre les
opérations de la Compagnie dans le
cours de l'année 1720.

Au mois de Janvier elle proposa des
Primes, en vertu desquelles on pourroit exiger de la Compagnie une Action avec le Dividet en payant mille
livres comptant, & autres mille livres
dans le cours de six mois, faute de
quoi elles seroient acquises au profit
de la Compagnie.

En Février, il fut permis à la Compagnie de créer pour dix millions d'Actions rentieres à raison de deux pour cent, faisant en principal cinq cens millions, les interêts courant du premier Janvier 1720.

En Juin, la Compagnie se trouvant chargée de six cens mille Actions, elle obtint deux choses; 1°. que ces Actions fussent réduites à deux cent mille; que les Actionnaires fussent obligés de payer un supplément de trois cens liv. ce qui devoit lui produire un fond de soixante-deux millions. Il fut permis de payer ce supplément en Billets de Banque, ou en Actions que la Compagnie prenoit à raison de six mille liv. l'Action.

Au mois de Septembre suivant, il fut permis à la Compagnie de faire cinquante mille nouvelles Actions, payables en cinq cent mille Billets d'un dixiéme d'Action chacun.

En Octobre, parut un Arrêt du Conseil, portant,

1°. Que les anciens Actionnaires compris dans les Rolles dreffés au Conseil, rapporteroient en compte à la Compagnie le nombre d'Actions pour lequel ils étoient employés ; que lesdites Actions y resteroient en dépôt pendant trois ans, pendant lequel temps on en payeroit le Divident aux Actionnaires, & qu'après ce terme elles leur seroient rendues.

2°. Que ceux des Actionnaires qui n'auroient pas le nombre d'Actions pour lequel ils étoient compris au Rolle, pourroient en acquérir de la Compagnie à raison de treize mille cinq cent livres l'Action.

3°. Que pour distinguer les Actionnaires de bonne foi, tous Porteurs d'Actions remplies de la Compagnie, seroient tenus de les y déposer pour être timbrées d'un second sceau de la Compagnie : C'est-là le premier *Visa* par lequel grand nombre d'Actions furent éteintes.

Outre cela, comme la plûpart des anciens Actionnaires s'étoient défaits de leurs Actions, parce qu'ils y avoient trouvé beaucoup à gagner, par le premier & second Article de cet Arrêt, la Compagnie avoit un moyen sûr ou de supprimer le nombre d'Actions pour lequel ils étoient employés dans le Rolle, s'ils n'obéissoient pas, ou s'ils vouloient se mettre en état d'obéir, de se défaire de ses nouvelles Actions à son avantage.

Enfin en Novembre, la Compagnie obtint permission de faire sur ses Actionnaires un emprunt de vingt-deux millions & demi à raison de cent cinquante livres par Action, payable, les deux tiers en argent, & l'autre tiers en Billets de Banque, aux interêts de quatre pour cent. Les Actions de ceux qui ne payeroient pas, devoient devenir nulles, & celles de ceux qui payeroient, recevoir un nouveau timbre. Ce fut-là le second *Visa*. Dans la suite les cent cinquante livres furent réduites à cent cinq livres.

4°. Le troisiéme *Visa* fut ordonné par le fameux Arrêt de 1721. & il fut suivi d'un autre au mois de Novembre, portant que les Actions présentées au *Visa*, demeureroient fixées au nombre de cinquante mille, dont la réduction devoit être faite suivant leur origine.

## Des Sciences & des Arts.

CHARLEMAGNE a été vraisemblablement le premier qui a introduit les Sciences en France ; mais il ne paroît pas que de son temps elles y ayent fait de grands progrès, du moins y furent-elles assez négligées sous ses Successeurs. François I. le pere des Lettres, les ressuscita en France, & depuis son Regne, elles y ont été très-florissantes.

On y compte des Colleges sans nombre, des Universités fameuses, des Académies célébres, & des hommes excellens dans toutes sortes d'Arts & de Sciences.

L'étude du Latin commença en France, lorsque cette Langue cessa d'y être vulgaire. Celle du Grec vers la fin du quinziéme siécle, après la prise de Constantinople par les Turcs : & celle des Langues Orientales dans le seiziéme siécle, vers le temps de François I.

Les Espagnols apporterent en France la Philosophie d'Aristote, elle fut condamnée en 1210. par un Concile

de Paris. En 1452. on obligea les Pro-
feſſeurs de Paris de l'enſeigner, & en
1543, François I. fit ſupprimer les Livres de Ramus, parce qu'il avoit écrit
contre ce Philoſophe. Aujourd'hui les
principes d'Ariſtote ne ſont plus de
mode en France, & même dans les
Ecoles on ſuit beaucoup plus Gaſſendi
& Deſcartes.

L'étude de la Médecine fut intro-
duite en France ſous Louis VII.

Celle du droit s'y introduiſit beaucoup plûtôt, ſurtout à Montpellier &
à Toulouſe. Elle fleuriſſoit à Paris dès
le Regne de Philippe-Auguſte.

A l'égard de la Théologie, l'étude
en eſt encore plus ancienne dans le
Royaume. Elle y fleuriſſoit dès le neuviéme ſiécle.

---

## Des Univerſités.

PAR le terme d'*Univerſité*, on entend l'union de pluſieurs Colleges ou Ecoles liées enſemble par des
Loix communes autoriſées par le Prince, leſquelles ont le pouvoir de confé-
rer les Dégrés, & où l'on enſeigne pluſieurs Sciences.

A proprement parler, une Université doit être composée de quatre Facultés, des Arts, de Théologie, de Médecine & de Droit. Cependant il n'y a que les Facultés de Droit & de Médecine dans celle de Montpellier, & il n'y a que celle de Droit dans Orleans.

Les Humanités & la Philosophie forment la Faculté des Arts.

Les quatre Degrés que l'on prend dans les Universités, sont ceux de Maître ès Arts, de Bachelier, de Licencié & de Docteur.

Le Degré de Maître ès Arts est le premier, & se donne après la Philosophie à ceux qui en sont trouvés capables.

Les trois autres Degrés se trouvent dans chacune des autres Facultés, de Théologie, de Droit & de Médecine, où ils ne se conferent qu'après un certain temps d'étude & plusieurs examens.

On croit que l'origine des Degrés est dûë à l'Université de Paris.

L'habit de Docteur est une robe rouge avec l'épitoge d'hermines. Les Degrés inférieurs n'ont que la robe noire & une demie hermine.

La Charge de Recteur est la premiere de l'Université. Celui qui l'occupe, est distingué par la ceinture & par la bourse qui y est attachée. Cette Charge est élective, & on y pourvoit ordinairement tous les trois mois, mais fort souvent il est continué en cette Charge.

Après lui font le Chancelier de l'Université, le Doyen dont la robe est ordinairement violette, & le Syndic. Ces trois font d'ordinaire à vie.

Il y a en France, outre plusieurs Colleges qui n'ont pas droit de donner les Degrés, vingt Universités, qui font Paris, Toulouse, Montpellier, Orleans, Angers, Poitiers, Bourdeaux, Caën, Bourges, Cahors, Nantes, Reims, Valence, Aix, Douay, Besançon, Perpignan, Orange, Dijon, & Pau.

Pour prendre les Degrés dans quelqu'une de ces Universités, il faut ordinairement y avoir fait son cours d'Etudes jusqu'à la Philosophie inclusivement. On peut cependant fans cela fe faire paffer Docteur dans celle de Bourges.

L'Université de Paris est la plus an-

cienne de toutes celles du Royaume.
On croit que l'Eglife de Paris en a été
la Fondatrice fous Louis le Jeune: auffi
en conferve-t'elle encore quelque droit
de Patronage. Le Chancelier de l'U-
niverfité eft toujours du Corps du Chapitre de Notre-Dame, & le Bonnet
de Docteur fe donne dans une des falles
de l'Archevêché.

L'Univerfité de Paris commença à
prendre forme fous Philippe-Augufte,
& fe perfectionna fous les Régnes fui-
vans. On établit des Colleges dans lefquels on fonda des Penfions ou Bour-
fes pour un certain nombre de pauvres
Ecoliers que l'on appelle pour cette raifon *Bourfiers*; des Profeffeurs célebres
y ont depuis enfeigné toutes les Sciences, & Louis XV. leur a donné un nouveau luftre en leur accordant le *Gratis*,
& fondant des Penfions pour tous les
Profeffeurs.

L'Univerfité de Paris a été très-cé-
lebre dans tous les temps, fur-tout par
fa Faculté de Théologie, connuë fous
le nom de *Sorbonne*, fondée en 1252.
par Robert Sorbon. Ainfi on dit: *une
Cenfure de Sorbonne*, *un Docteur de
Sorbonne*, pour dire *un Docteur de la*

*Faculté de Théologie de Paris*, foit qu'il ait reçû le Bonnet en Sorbonne ou à Navarre. Mais fi l'on veut diftinguer un Docteur du College de Sorbonne, d'avec un Docteur du College de Navarre qui eft de la mème Univerfité, on dit : *un Docteur de la Maifon de Sorbonne.*

L'Univerfité de Paris a produit de grands hommes, entr'autres le Cardinal d'Ailli & Gerfon, qui tous deux en furent Chanceliers.

## Des Académies.

ON appelle *Académies* certaines affociations de gens de Lettres, ou de perfonnes habiles dans les beaux Arts, qui tiennent des Affemblées reglées, où l'on travaille à perfectionner les unes & les autres.

Il y a dans Paris neuf Académies établies par ordre du Roi, trois Littéraires ; fçavoir, la Françoife, celle des Infcriptions & Belles-Lettres, & celle des Sciences ; une de Peinture & de Sculpture, une d'Architecture, une de Chirurgie, & trois Académies Militaires.

*L'Académie Françoise* établie en 1633. pour s'appliquer à mettre la Langue Françoise dans toute sa pureté, est composée de quarante Académiciens, parmi lesquels l'on compte des Prélats, des Ducs & Pairs, &c. Elle s'assemble au Louvre les Lundis, Jeudis & Samedis.

Il s'est établi sur cet exemple pareille Académie à Soissons, à Villefranche en Beaujolois, à Nîmes, à Angers, à Arles, à Toulouse, & à Caën. Dans la plûpart de ces Académies il se distribue des Prix considerables.

*L'Académie des Inscriptions & Belles-Lettres* fut établie en 1663. pour cultiver les Belles-Lettres, &c. Elle est composée de quarante Académiciens pour lesquels Sa Majesté a fondé des Pensions ausquelles ils parviennent par rang d'ancienneté. Ils s'assemblent au Louvre les Mardis & Jeudis. Ils tiennent tous les ans deux Assemblées publiques; l'une, le Mardi qui suit la *Quasi-modo;* & l'autre, le premier Mardi ou Vendredi après la S. Martin.

Il y a aussi pareille Académie à Lyon, à Bourdeaux, à Marseille, à la Rochelle, & à Dijon.

L'*Académie Royale des Sciences*, établie en 1666. par les soins de M. Colbert, reçut une nouvelle forme en 1699. par Sa Majesté. Cette Académie est composée de quatre sortes d'Académiciens. Leurs Assemblées se tiennent au Louvre les Mercredis & Samedis.

En 1706. il s'en est formé une à Montpellier sur le même plan pour la Physique & les Mathématiques ; & en 1721. il s'en est aussi établi une à Pau.

L'*Académie Royale de Peinture &* *de Sculpture* a été établie en 1648. Outre les Peintres & les Sculpteurs, les Graveurs sont aussi admis dans l'Académie de Peinture.

L'*Académie Royale d'Architecture*, établie en 1671. tient ses Assemblées au Louvre le Lundi. Son Etablissement a été confirmé par Sa Majesté en 1717.

L'*Académie Royale de Chirurgie*, établie en 1731. & confirmée par Lettres Patentes de Sa Majesté en 1748. a été mise sous la direction du Secretaire d'Etat de la Maison du Roi. Les Assemblées se tiennent le Mardi, & il y a une Assemblée publique le Mardi d'après la Trinité.

*Les trois Académies Militaires* sont
établies

établies par le Roi pour l'éducation des
Gentilshommes, aufquels l'on apprend
les Sciences convenables à la Nobleffe
& aux Gens de Guerre. Il y a en outre
trois Ecoles d'Artillerie, dont nous
parlerons à la page 254.

## Du Gouvernement Militaire.

CET Article comprend tout ce qui
regarde la Nobleffe, les Gouvernemens de Places ou de Provinces, les
Forces de Terre, & celles de Mer.

## De la Nobleffe.

ON diftingue en France quatre degrés de Nobleffe. Dans le premier font les Princes du Sang ; dans le
fecond, la haute Nobleffe, ou la Nobleffe titrée ; dans le troifiéme, la Nobleffe ordinaire, & dans le quatriéme,
la Nobleffe annoblie.

Tout Noble en France eft exempt
du droit de francs-Fiefs, de Logemens
de Gens de guerre, & de Taille, pourvû qu'il ne faffe valoir par fes mains
qu'une de fes Métairies. Il y a auffi
des Coutumes, qui dans les fucceffions
leur accordent certains privileges.

II. Partie.                    T

## Des Princes du Sang.

LEs Princes du Sang font à la tête de la Nobleſſe de France.

J'ai déja remarqué ailleurs, que le Dauphin, fils de Louis XIV. eſt le premier qu'on ait appellé *Dauphin de France*. Avant lui, les autres n'avoient eu que le titre de *Dauphins de Viennois*.

La qualité de *Petit-fils de France* eſt encore moderne. Celle de *Petites-filles de France* a commencé aux Princeſſes filles de Gaſton d'Orleans, Frere de Louis XIII.

Le premier Prince du Sang a une Maiſon comme les Enfansde France, mais moins grande ; elle eſt compoſée d'un certain nombre d'Officiers, qui jouiſſent des mémes Privileges des Officiers Commenſaux de la Maiſon du Roi, ſa penſion eſt de cent cinquante mille liv. Il ne donne pas la main méme à ſes freres.

Pour les Princes Légirimés de France, leur état a varié ſelon les temps, Louis XIV, ordonna en 1714, que le

Duc du Maine & le Comte de Toulouſe ſes fils légitimés , porteroient le
titre de *Princes du Sang* ; qu'au Parlement & ailleurs , ils auroient rang immédiatement après les Princes du Sang,
& les déclara, eux & leurs deſcendans
mâles à perpétuité , capables de ſuc-
céder à la Couronne après le dernier
des Princes légitimes. Louis XV. caſſa
ces diſpoſitions en 1717. réſervant ſeulement au Duc du Maine & au Comte
de Toulouſe les honneurs dont ils
avoient joui au Parlement depuis 1714.
Il les ôta au Duc du Maine en 1718.
& ordonna qu'il n'auroit de rang au
Parlement & ailleurs , que celui que
lui donneroit l'érection de ſa Pairie.

---

## De la Haute-Nobleſſe.

LEs Pairs, Ducs & Comtes ſont
les premiers de la haute Nobleſſe.
Il y avoit autrefois en France ſix
Pairs Eccléſiaſtiques, & ſix Pairs Laïcs.
Les Pairs Eccléſiaſtiques ſubſiſtent en-
core ; J'ai donné leurs noms en parlant
du Sacre du Roi.
Les Pairs Laïcs étoient les Ducs de

Bourgogne, de Normandie, de Guyenne, & les Comtes de Champagne, de Flandre & de Toulouse.

Ces Pairies ayant été depuis réunies à la Couronne, ou ayant passé à des Princes étrangers, les Rois en érigerent d'abord de nouvelles en faveur des Princes du Sang. Ensuite ils ont communiqué cet honneur à qui ils ont voulu, & le nombre de ces Pairies n'a point été fixé.

La premiere qui ait été érigée en faveur d'un autre que d'un Prince du Sang, est celle de Guise, dont l'érection est de 1527.

Les principales fonctions des Pairs sont de servir au Sacre du Roi, de l'accompagner à son Lit de Justice, & de prendre séance, lorsqu'il leur plaît, au Parlement de Paris, qui pour cette raison est appellé *la Cour des Pairs*.

Les Pairs ont entre eux le rang de leurs Pairies. Autrefois ils prétendoient même précéder les Princes du Sang, lorsque ceux-ci étoient moins anciens Pairs. Henri III. regla que les Princes du Sang Pairs, précéderoient tous les autres, sans égard à leur ancienneté. Mais Louis XIV. décida en 1711. que ceux-ci étoient Pairs-nés, & comme tels devoient avoir la préséance partout.

Les grands Officiers de la Couronne sont aussi au rang de la haute Noblesse. De ce nombre sont incontestablement le Connétable, l'Amiral, le Chancelier, le Grand - Maître de la Maison du Roi ; les Maréchaux de France & le Grand - Maître de l'Artillerie. Quelques - uns y ajoutent le Grand - Chambellan, le Grand - Veneur, le Grand-Ecuyer, le Grand-Aumônier & le Colonel général de l'Infanterie.

Les grandes Charges de la Maison du Roi, telles que celles de Grand-Maître de la Garderobe, de premier Ecuyer, de premier Gentilhomme de la Chambre, & de Capitaine des Gardes, donnent aussi rang parmi la haute Noblesse.

Enfin elle s'étend aux Chevaliers du Saint Esprit, & à tous ceux qui commandent la Noblesse, tels que les Gouverneurs ou Commandans de Provinces, les Lieutenans généraux, &c.

________________________________

### De la Noblesse ordinaire.

ELLE se divise en Noblesse de race, & Noblesse de naissance.

Les Nobles de race sont ceux dont on ne prouve point l'origine, & qui ont toujours passé pour Nobles. Ils n'ont pour titre que la possession qui est fixée à cent ans. Mais en Normandie pour être Noble de race, il faut prouver quatre degrés de Noblesse, soit qu'ils remontent au-dessous ou au-dessus de cent ans.

Les Nobles de naissance sont ceux qui peuvent montrer leur titre de Noblesse. La Noblesse se prouve par actes publics, comme Extraits-Baptistaires, Contrats de mariage, &c.

Mais pour être Chevalier de Malthe, ou Comte de Lyon, à la preuve par écrit, il faut joindre la preuve testimoniale.

En Normandie tout simple Gentilhomme est appellé *Noble*. Presque dans tout le reste du Royaume, on ne lui donne que la qualité d'*Ecuyer*.

Les Nobles étrangers qui se font na-

turalifer en France, font pour plus grande fureté inférer dans leurs Lettres la
confirmation de leur Nobleſſe.

## De la Nobleſſe annoblie.

LA Nobleſſe s'acquiert ou par des
Lettres de Nobleſſe obtenues du
Roi, ou par des Charges.

Les Charges qui annobliſſent, font
celles de Secretaires du Roi & de Conſeillers au Parlement de Paris, ou autres Cours Supérieures de cette Ville.
Mais pour que la Nobleſſe paſſe aux
enfans, il faut que le pere ait poſſédé
la Charge pendant vingt ans, ou qu'il
en ait été revêtu lorſqu'il eſt mort.

Les Charges des Parlemens & autres Cours Supérieures des Provinces,
ne donnent qu'une Nobleſſe perſonnel-
le, qui ne paſſe aux enfans que lorſque
le pere ou l'ayeul ont poſſédé ces Charges, & les ont exercées pendant vingt
ans conſécutivement, ou en font morts
revêtus.

Autrefois & fous le Roi Jean, la
Charge de Chancelier n'annobliſſoit
pas.

Le Roi a aussi accordé la Noblesse aux Echevins de certaines Villes : c’est ce que l’on appelle *la Noblesse de la Cloche*, parce que dans quelques-unes on convoquoit autrefois au son de la cloche l’Assemblée de Ville pour la nomination des Echevins.

Comme la Noblesse s’acquiert, elle se perd aussi, 1°. par le Commerce, excepté le Commerce maritime; 2°. par le tenement des terres à ferme ; 3°. par l’exercice des Arts méchaniques : c’est ce qu’on appelle *déroger*.

Un Noble qui a dérogé, ne peut être relevé que par des Lettres de réhabilitation.

En Bretagne, un Gentilhomme peut commercer sans déroger, en renonçant à ses privileges tant que son commerce dure : c’est ce qu’on appelle *laisser dormir la Noblesse*. Lorsqu’on veut la reprendre, & quitter le Commerce, on en est quitte pour passer sa déclaration au Greffe.

## Des Gouvernemens.

SOus les Rois de la premiere Race, les Provinces étoient gouvernées par les Ducs & les Comtes. Sous la seconde Race, on commença à parler des Marquis qui prirent ce nom, parce qu'ils commandoient sur les frontieres ou marches du Royaume.

Sur la fin de cette seconde Race & au commencement de la troisiéme, les Seigneurs s'étant approprié la plûpart des grands Fiefs de la Couronne, les Rois & à leur exemple les Ducs & les Comtes confierent le Gouvernement des Provinces qui leur obéiſſoient, à leurs Baillifs & Sénéchaux, & donnerent celui de leurs Châteaux à leurs Châtelains.

Les choses resterent à peu près sur ce pied-là jusques sous les Regnes de Louis le Gros, de Louis le Jeune & de Philippe - Auguste. Ces Princes établirent des Communes, & permirent aux Bourgeois de fortifier leurs Villes, & de les défendre eux-mêmes. Dès-lors la plûpart des Villes commence-

rent à se souftraire à la garde des Seigneurs : dans les occasions les Rois y
envoyerent des Troupes & des Officiers pour les commander. Telle est
l'origine des Gouverneurs de Places &
de Provinces. Ils prirent d'abord la qualité de *Gouverneurs* pour le Roi, ou de
*Lieutenans* pour Sa Majesté; & dès-lors
il fut défendu aux Baillifs & Sénéchaux
de prendre aucun de ces titres. Cette
défense est de l'an 1342. sous Philippe
de Valois.

Les Gouverneurs, de même que les
Lieutenans dont je parlerai, ne furent
pendant long-temps que des Commissions dont le Roi accordoit affez faci-
lement la survivance : aujourd'hui les
uns & les autres font à vie & à titre
d'Office, mais on n'accorde plus de
survivance, seulement lorsqu'il plaît
au Roi, il donne le Gouvernement au
fils après la mort ou par la démission
du pere.

Les fonctions des Gouverneurs font
de veiller à la tranquillité & à la sure-
té publique dans les Places ou les Provinces qui leur font confiées ; de commander les Troupes qui font en garni-
fon dans leurs Gouvernemens, &c.

Quelquefois le Roi envoye des Commandans dans les Places ou dans les Provinces : ceux-ci ont toute l'autorité sur les Troupes, & il n'en reste aux Gouverneurs que sur les Bourgeois.

---

## Des Gouverneurs Généraux.

ON appelle de ce nom tous les Gouverneurs des Provinces. Sous François I. il n'y avoit que neuf Gouvernemens dans le Royaume, ils furent fixés à douze sous Henri III. aujourd'hui on en compte trente-huit en France, trente grands, & huit petits.

Les trente grands Gouvernemens, sont ceux de l'Isle de France, Bourgogne, Languedoc, Guyenne, Poitou, le Maine, Bourbonnois, la Marche, Touraine, Alsace, Picardie, Dauphiné, Foix, Saintonge, Bretagne, Orleanois, Lyonnois, Limousin, Anjou, Franche-Comté, Champagne, Provence, Navarre, la Rochelle, Normandie, Nivernois, Auvergne, Berri, Flandre & Roussillon.

Les huit petits Gouvernemens sont ceux de Paris, Dunkerque, le Havre, Saumur, Metz, Toul, Verdun, & la nouvelle France.

Le Gouvernement de Paris tient le premier rang , même parmi les grands. Celui de Bretagne est un des plus beaux du Royaume , l'Amirauté de cette Province y est jointe.

Les Gouverneurs des Provinces prêtent serment entre les mains du Roi , & leurs Commissions doivent être vérifiées au Parlement de leur Province où ils ont séance. Ordinairement le Roi leur entretient une Compagnie de Gardes. Ils sont dans leur Province Juges du point d'honneur entre les Gentilshommes , & peuvent faire mourir un Ennemi étranger , ou même un Séditieux ; mais hors de ces cas, ils n'ont point de Justice ordinaire. Les ordres qui regardent toute la Province , leur sont adressés , & ce sont eux qui les envoyent aux Gouverneurs particuliers : ils donnent l'ordre dans toutes les Places de leur Gouvernement où ils entrent.

Les Lieutenans Généraux sont sous les Gouverneurs Généraux , & commandent en leur absence. Ils sont de l'institution de Charles VI. & de Charles VII. Il n'y en eut pendant long-temps qu'un dans chaque Gouverne-ment, il y en a aujourd'hui,

Quatre dans le Gouvernement de Bourgogne & dans celui de Champa-gne.

Trois dans ceux de Picardie, de Languedoc & de l'Orleanois.

Deux dans ceux de Guyenne, Poi-tou, Bretagne, Normandie & Auver-gne.

Il n'y en a qu'un dans tous les autres.

Sous les Lieutenans Généraux sont des Lieutenans de Roi. Il n'y en eut d'abord qu'en Bretagne & en Norman-die; mais en 1692. on en créa dans tous les Gouvernemens, & il y en a

Treize dans celui de Guyenne.

Neuf dans celui de Languedoc.

Six dans celui de Picardie.

Quatre dans ceux de Champagne, Franche-Comté, Dauphiné, Proven-ce, Poitou, Isle de France, & Bour-gogne.

Trois dans celui de l'Orleanois & de la Flandre.

Deux dans celui de l'Alsace, Saint-onge, Berri, la Marche, Limousin,

Bourbonnois, Auvergne, Lyonnois, Foix & le Maine.

Il n'y en a qu'un dans tous les autres.

---

## Des Gouverneurs Particuliers.

ON donne ce nom aux Gouverneurs des Places. Il n'y en avoit autrefois que dans les Villes frontieres, En 1696. Louis XIV, en créa un dans toutes les Villes closes du Royaume. Ces Gouverneurs furent supprimés au commencement du Regne de Louis XV. Cependant il en est toujours resté un dans les Places frontieres, & dans toutes les Villes considérables.

Ces Gouverneurs commandent en chef dans leurs Places, & ne reçoivent point les ordres du Gouverneur de la Province. De même lorsqu'il y a Citadelle, le Gouverneur de la Ville & celui de la Citadelle ne dépendent point l'un de l'autre.

Quelquefois ces Gouverneurs particuliers s'étendent sur une petite étenduë de pays. Ainsi le Gouverneur de la Ville de Boulogne l'est aussi du Boulonois.

Il y a aussi des Gouverneurs particuliers des Palais, Châteaux & Maisons Royales, ils ne dépendent point des Gouverneurs des Provinces, & ne reçoivent les ordres que du Roi.

## Des forces de Terre.

SOus la premiere Race, & au commencement de la seconde, la Milice Françoise n'étoit composée que des Appointés du Roi. C'étoient des hommes à qui le Roi donnoit la jouissance de quelques Terres, à la charge de le suivre, & de combattre sous ses Enseignes lorsqu'ils seroient commandés. Ces Terres s'appelloient *Bienfaits*, d'où ceux qui les possédoient, prirent le nom de *Bénéficiers*. Ils ne les tenoient qu'à temps ou à vie, & en étoient privés, lorsqu'ils manquoient au cri public, ou proclamation du Roi.

Si ces Compagnies de Bénéficiers ne suffisoient pas, on convoquoit des Provinces, ceux qui étoient en état de porter les armes, & ceux qui n'obéissoient pas, étoient condamnés à une amende, s'ils n'avoient pas excuse légitime.

Sur la fin de la seconde Race, & au commencement de la troisiéme, les Domaines ou Bénéfices dont j'ai parlé, commencerent à prendre le nom de *Fiefs*, & à être tenus en proprieté à la charge de la foi & hommage, & de certains devoirs, dont le principal étoit de servir le Roi dans ses Armées.

Les Seigneurs de Fiefs, devenus par-là Vassaux de la Couronne, les partagerent de même à d'autres sous pareille condition.

En temps de guerre, le Roi mandoit tous les grands Vassaux de la Couronne, & ceux-ci levant leurs Bannieres, convoquoient leurs Vassaux, qui étoient obligés de se rendre auprès d'eux sous certaines peines. C'est à ce sujet que furent faites les Loix féodales. De ces convocations est venu ce qu'on appelle *Ban & Arriere Ban*.

Chaque Fief devoit fournir un certain nombre de gens de guerre. Le Fief Banneret devoit avoir vingt-cinq Vassaux servant sous sa Banniere. Le Fief de Haubert devoit être un homme d'armes, suivi de quelques valets. Le Fief d'Ecuyer n'obligeoit le Vassal qu'à servir légerement armé, ou avec l'Ecu seulement.                    Les

Les Vaſſaux marchoient donc à la guerre ſous la Banniere & le Commandement de leurs Seigneurs. Si ceux-ci avoient des Feudataires, qui euſſent aſſez d'arriere-Vaſſaux pour en former une Compagnie, ces Feudataires levoient eux-mêmes Banniere, & la commandoient ſous les ordres du Seigneur principal. Toute cette Milice formée d'hommes d'armes, compoſoit un corps de Cavalerie conſidérable.

Pour l'Infanterie, elle étoit compoſée des Communes, c'eſt-à-dire, des Bourgeois des Villes, & des Payſans que le Roi convoquoit. Toutes ces Troupes ſervoient à leurs dépens pendant un temps limité, au bout duquel elles ſe retiroient. Le Roi pouvoit les retenir, mais alors il étoit obligé de fournir à leur entretien.

Tel fut l'état de la Milice Françoiſe juſqu'à Charles VII. qui changea entierement la Diſcipline Militaire, comme je le dirai dans la ſuite.

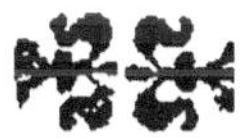

II. *Partie.* V.

## Des Officiers de Guerre.

DEPUIS la suppreſſion des Conné-
tables, il n'y a point de Charge
unique en France, qui donne droit de
commander les Armées.

Elles le furent d'abord dans l'abſence
du Roi par le Maire du Palais, enſuite
par les Ducs de France, enſuite par les
grands Sénéchaux.

Vers l'an 1218. Philippe-Auguſte
ayant ſupprimé la Charge de grand Sé-
péchal, le Connétable qui n'avoit été
juſqu'alors que ce qu'eſt aujourd'hui le
Grand-Ecuyer, devint Chef ſouverain
des Armées de France, & le premier
Officier de la Couronne. Il diſpoſoit de
toutes les Charges Militaires, & le
Roi même ne devoit ordonner de nul
fait de guerre ſans l'avis du Connétable.
Cette Charge fut ſupprimée ſous Louis
XIII. en 1627. après la mort du Connétable de Leſdiguieres.

Aujourd'hui les Officiers généraux
des Armées du Roi ſont les Maréchaux
de France, les Lieutenans & Capitaines généraux, les Colonels généraux,

le Grand-Maître de l'Artillerie , les Maréchaux de Camp, & les Brigadiers d'Armée.

La Charge de Maréchal de France est aujourd'hui la premiere de l'Epée. Ce n'étoit d'abord qu'un Officier de l'Ecurie du Roi, subordonné au Connétable ; mais lorsque la Charge de celui-ci devint Militaire , celle des Maréchaux le devint aussi. Ils étoient les Lieutenans du Connétable , & menoient l'arriere-garde ; leur nombre n'a jamais été fixé. Ils portent pour marque de leur dignité , deux bâtons d'azur semés de fleurs de lys en sautoir derriere leurs armes. Les Gentilshommes qui leur écrivent, doivent les traiter de *Monseigneurs*.

Avant François I. la Charge des Maréchaux de France n'étoit point à vie. Henri II. est le premier qui leur ait donné la qualité de *Cousins*. Ils prêtent serment entre les mains du Roi, commandent souverainement les Armées, sont Juges du point d'honneur, & ont des Lieutenans ou Prévôts dans les Provinces, qui ont Jurisdiction sur les vagabonds , voleurs de grands chemins , &c. Ces Lieutenans ont rang immédiatement après les Lieutenans de Roi. Outre cela, les Maréchaux de France tiennent le Siége de la Connétablie & Maréchauffée de France. Ils ont auffi le droit, dès qu'ils font faits Maréchaux, de nommer un Commiffaire des Guerres, qui eft pourvû par le Roi fur leur préfentation.

Les appointemens des Maréchaux de France font de 12000. liv. Ils ont outre cela 8000. liv. par mois, lorfqu'ils commandent les Armées. En quelques Villes de Guerre qu'ils fe trouvent, on les faluë à leur entrée de plufieurs volées de canon, & ils ont une Garde de cinquante hommes.

Il y a en France une Charge, qui tient le milieu entre celle de Connétable & celle de Maréchal de France : c'eft celle de Maréchal général des Camps & Armées du Roi. On en a quelquefois pourvû des Maréchaux de France, pour leur donner pouvoir de commander d'autres Maréchaux. Monfieur le Maréchal de Saxe a été nommé en cette Charge en l'année 1746.

Les Lieutenans généraux des Armées du Roi ont été créés par Louis XIII. pour commander fous les Maréchaux de France. Quelquefois auſſi ils commandent en chef un Corps, ou une Armée, font des Siéges, & donnent des Batailles. Lorſqu'ils ſervent pluſieurs dans une Armée, ils ont chacun leur jour, & commandent tour à tour ſous le Général ſuivant leur rang d'ancienneté : leur nombre n'eſt point fixé.

Cette Charge n'a été d'abord qu'une Commiſſion, enſuite elle a été donnée à vie. Leurs appointemens font de 2000. liv. par mois lorſqu'ils ſervent. A l'Armée & dans les Provinces où ils commandent, ils ont une Garde de trente hommes.

La Charge de Capitaine général eſt mitoyenne entre celles de Maréchal de France & de Lieutenant général, c'eſt pour leur faire commander d'autres Lieutenans généraux. Le Marquis de Boufflers l'a poſſédée en 1690. & le Comte de Teſſé en 1702.

Il y avoit quatre Colonels généraux; un de l'Infanterie ; un de la Cavalerie, un des Suiſſes & Griſons, & un des Dragons.

La Charge de Colonel général de l'Infanterie fut inſtituée en 1554. par

François I. érigée en Office de la Couronne par Henri III. en 1584. en faveur du Duc d'Epernon : supprimée & rétablie en 1643. fut supprimée en 1661. par Louis XIV. après la mort d'un autre Duc de ce nom. En 1721. Louis XV. la rétablit en faveur du Duc de Chartres , aujourd'ui Duc d'Orleans ; mais elle fut de nouveau supprimée en 1730.

Cette Charge donnoit un grand pouvoir à celui qui en étoit revêtu. Tous les Capitaines de l'Infanterie prenoient de lui leurs Commissions. Il nommoit à toutes les Charges vacantes dans ce Corps , & jugeoit souverainement de la vie & de l'honneur des personnes. Il avoit 19667. liv. d'appointemens , & 6. den. pour livre de tous les payemens qui se faisoient dans le Régiment des Gardes.

La Charge de Colonel général de la Cavalerie fut érigée en titre d'Office vers l'an 1567. Alors il y en avoit deux, un en deçà les Monts, & l'autre au-delà. Cette Charge fut réunie en 1587. en la personne du Duc de Nemours. En 1657. elle fut donnée au Maréchal de Turenne, & aujour-

d'hui elle est possédée par le Comte
d'Evreux. Le Colonel général de la Cavalerie porte pour marque de sa dignité six Cornettes derriere ses armes.

La Charge de Colonel général des
Suisses & Grisons fut créée en 1571.
& est possédée actuellement par le Prince de Dombes, & pour marque de sa
dignité, il porte six Drapeaux en sautoir, le fer de la Pique terminé en
fleurs de Lys.

La Charge de Colonel général des
Dragons fut créée en 1668. M. le Maréchal Duc de Coigni, possede actuellement cette Charge. Pour marque
de sa dignité, il porte derriere ses armes six Etendarts.

Avant l'invention de la poudre trou-
vée en 1354. il y avoit en France un
grand Maître des Arbalêtriers, qui
commandoit les gens de pied combat-
tant avec l'arbalêtre, & avoit la Surintendance sur tous les Officiers chargés
des machines de guerre. A celui-ci succéderent les Maîtres de l'Artillerie, &
en 1610. Henri IV. érigea la Charge
de Grand - Maître de l'Artillerie de
France en Office de la Couronne en faveur du Duc de Sully. Aujourd'hui elle

eſt poſſédée par le Comte d'Eu.

Le Grand-Maître de l'Artillerie a la Surintendance ſur tous les Officiers de l'Artillerie. Il fait faire les poudres & fondre les canons ; ordonne de la conduite de l'Artillerie dans les marches & des batteries aux Siéges , à pouvoir ſur tous les Arſenaux de France , & tient ſa Juriſdiction à l'Arſenal de Paris. Il eſt toujours Colonel du Régiment Royal d'Artillerie , & toute celle qui ſe trouve dans une Ville conquiſe , lui appartient. Les marques de ſa dignité ſont deux canons ſur leurs affuts , poſés au-deſſous de ſes armes.

Il y avoit des Marechaux de Camp dès le Regne de François I. long-temps avant les Lieutenans généraux auſquels ils ſont ſubordonnés. Dans ces commençemens , leur Charge n'étoit qu'une Commiſſion , & enſuite elle a été donnée à vie , leur nombre n'eſt pas fixé. Ils ordonnent des campemens & des logemens de l'armée , & prennent les devans dans ſes marches pour pourvoir à ſa ſûreté , & reconnoître le terrein. Ils roulent entr'eux ſuivant leur ancienneté. Dans les Provinces où ils commandent , ils ont une Garde de quinze hommes.

hommes. A l'armée leurs appointemens font de 900. liv. par mois.

Les Brigadiers d'Armée commandent une Brigade d'Infanterie, de Cavalerie ou de Dragons. La Brigade de
l'Infanterie eft de cinq à fix Bataillons :
celle de Cavalerie & de Dragons de
dix à douze Efcadrons. Cette Charge
n'a commencé à être à vie qu'en 1667.
pour la Cavalerie, & en 1668. pour
l'Infanterie. Les appointemens des Brigadiers font en campagne de 500. liv.
par mois, & dans le camp ils ont une
Garde de dix hommes. Ils roulent entr'eux felon leur rang d'ancienneté ;
mais en Place fermée le Brigadier d'Infanterie commande celui de Cavalerie.
Le contraire s'obferve en campagne.

Remarquez qu'à l'Armée les Princes du Sang ont toujours une Garde,
pareille à celle des Maréchaux de
France.

Outre les Officiers dont je viens de
parler, qu'on appelle *Officiers Généraux*, le Roi envoye ordinairement un
Intendant dans chaque Armée, pour
avoir l'infpection fur la Police, & pourvoir à la difcipline & aux befoins des
Troupes.

*II. Partie.*       X

A cet Officier sont subordonnés les Commissaires des Guerres, dont les fonctions sont de veiller à la police & à la discipline des Troupes. Il y en a de deux sortes, les Ordinaires & les Provinciaux.

Les Commissaires ordinaires des Guerres sont très-anciens, puisqu'autrefois le Roi & le Connétable nommoient de vieux hommes d'Armes pour faire la revûë aux Troupes, examiner les armes, les chevaux, &c. Leur nombre à varié, & ils sont aujourd'hui cent vingt-sept.

Les Commissaires Provinciaux des Guerres furent créés en 1635. Ils sont trente, & il n'y a de différence entr'eux & les Commissaires ordinaires, qu'en ce que les appointemens des premiers sont plus forts, & qu'eux seuls ont droit de faire prêter serment de fidélité aux Officiers des Troupes qui sont dans leur département, qui ne l'ont pas encore fait.

Le fonds des Gages des Commissaires des Guerres est assigné sur le Taillon. Leurs Charges annoblissent, pourvû que successivement & sans interruption, elles ayent été possédées par le pere & par le fils pendant vingt ans.

Il y a aussi des Controlleurs des Guerres en pareil nombre que les Commissaires.

## De l'Infanterie.

J'Ai dit quel fut l'état de la Milice Françoise jusqu'à Charles VII. vers l'an 1445. Ce Prince voulant avoir un Corps de Troupes toujours prêt à marcher, établit la Taille ordinaire, & en même temps il établit un Corps de Francs-Archers, ordonnant que chaque Paroisse du Royaume fourniroit un homme capable de servir avec l'arc & les fléches.

Louis XI. cassa ce Corps d'Infanterie, & leva à sa place dix mille hommes d'Infanterie Françoise. Il prit aussi à sa solde un Corps de six mille Suisses. Louis XII. est le premier qui ait entretenu un Corps d'Allemands, il étoit de six mille hommes, & est connu dans l'Histoire sous le nom de *Bandes noires*, parce que ses Drapeaux étoient bigarrés de cette couleur.

En 1534. François I. institua sept Légions qui furent levées en Normandie, en Bretagne, en Picardie, en Bourgogne, en Dauphiné, en Languedoc & en Guyenne; Chaque Légion étoit de six mille hommes, distribuées en six Compagnies, commandées par autant de Capitaines, dont le premier avoit le titre de *Colonel*.

La plus grande partie de l'Infanterie Françoise ayant été défaite à la Bataille de S. Quentin, Henri II. fit lever en 1558. dans les mêmes Provinces sept autres Légions aussi de six mille hommes chacune, mais distribuées en quinze Compagnies. Quelques-uns regardent l'inftitution de ces Légions comme l'établissement des Régimens d'Infanterie. D'autres croyent qu'elle ne fut enrégimentée que sous Charles IX. & que le Régiment des Gardes Françoises est le premier de l'Infanterie de la même Nation.

Il y a aujourd'hui en France cent quarante-huit Régimens d'Infanterie, non compris les deux de la Maison du Roi, & le Régiment Royal d'Artillerie dont je parlerai ailleurs. On peut diftribuer ces cent quarante-huit Régimens en trois Classes.

La premiere contient cent dix-huit

Régimens, dont l'inſtitution eſt plus ancienne.

Les ſix premiers ſont appellés *Vieux*, parce qu'ils ſont en partie de la création de Charles IX. Ils ſont chacun de quatre Bataillons.

Les ſix ſuivans ſont nommés *petits Vieux*, & ont auſſi le privilege de n'être point caſſés, mais ce n'eſt que depuis Louis XIII. Ils ſont chacun de trois Bataillons, excepté celui du Roi qui en a quatre.

Des cent ſix qui reſtent, il n'y en a que quatre-vingt-ſix d'Infanterie Françoiſe, & ils portent le nom ou de leur Colonel, ou de quelque Province. Les quatre premiers ſont de trois Bataillons, les douze ſuivans ſont de deux, excepté le Régiment Royal des Vaiſſeaux qui eſt de trois, les ſoixante-dix autres ne ſont que d'un Bataillon, excepté ceux des Princes au nombre de ſix qui en ont deux.

Des vingt Régimens étrangers il y en a neuf de Suiſſes; quatre de quatre Bataillons, & cinq de trois, à trois Compagnies de deux cent hommes chacune par Bataillon.

Cinq Allemands, le premier de qua-

tre Bataillons, les autres de trois, à six
Compagnies de cent hommes chacune
par Bataillon.

Cinq Irlandois d'un Bataillon de
dix-sept Compagnies à trente hommes
chacune.

Enfin le Royal Italien d'un Bataillon de douze Compagnies à cinquante
hommes chacune.

La seconde Classe contient vingt-
neuf Régimens de Milices établis en
1734. qui portent le nom de leur Province, ou de leur Généralité.

De ces vingt-neuf, deux sont de huit
Bataillons; trois de sept, trois de six;
trois de cinq; cinq de quatre; six de
trois; & sept de douze à treize Compagnies de quarante-six hommes chacune par Bataillon, excepté la Compagnie des Grenadiers qui en a quarante-huit.

Enfin je mets dans la troisiéme Classe soixante Compagnies d'Arquebu-
siers, formant quatre Bataillons de six
cent hommes chacun, créés aussi en
1734.

Remarquez que chaque Bataillon
d'Infanterie Françoise doit être depuis
1722. de 17. Compagnies de trente-

deux hommes chacune , excepté celles des Grenadiers qui font de quarante-cinq hommes ; outre cela il y a une Enfeigne dans chacune des Compagnies Colonelle , Générale & Lieutenante-Colonelle.

De-là il réfulte , qu'outre environ foixante-feize mille hommes de Milice , il y avoit en 1734. en France vingt-un Bataillons, & cent trente mille hommes d'Infanterie.

Les Régimens font commandés par des Colonels & Lieutenans-Colonels , les Bataillons par un Capitaine , & les Compagnies par un Capitaine & un Lieutenant.

Chaque foldat a par jour cinq fols fix deniers de paye.

Il y a pour l'Infanterie dix Infpecteurs & trois Directeurs. Les Infpecteurs font la revûé des Régimens dans leurs Départemens , & veillent à ce qu'ils foient complets. Les Directeurs veillent fur les Infpecteurs. Les appointemens de ces derniers font de huit mille livres chacun. Ceux des Directeurs font de feize mille livres.

## De la Cavalerie.

CE n'est que depuis l'an 1635. que la Cavalerie est enrégimentée en France. Outre le Colonel général qui la commande, & dont j'ai parlé. Elle a pour Officiers,

1°. Un Mestre de Camp, dont la Charge est aussi ancienne que celle de Colonel général. Il commande de droit la Cavalerie en l'absence de celui-ci, & met pour marque de sa dignité quatre Cornettes derriere ses armes.

2°. Un Commissaire général qui commande en l'absence des deux précédens. Il fut établi en Charge en 1655. & met pour marque de sa dignité deux Cornettes derriere ses armes.

3°. Un Maréchal général des Logis. Cette Charge existoit dès le Regne de Charles IX.

4°. Deux Maréchaux des Logis créés sous Louis XIV. pour faire les fonctions du Maréchal général en son absence.

5°. Six Inspecteurs généraux, & un Directeur général. Ils servent aussi pour les Dragons, & ont les mêmes fonctions que ceux de l'Infanterie.

Il y a aujourd'hui en France, sans compter la Maison du Roi, & le Régiment Royal de Carabiniers, cinquante-huit Régimens de Cavalerie, dont trente-neuf sont de trois Escadrons & dix-neuf de deux. Chaque Escadron a deux Cornettes, & est composé de quatre Compagnies de quarante Maîtres chacune, y compris deux Brigadiers, le Trompette & le Timballier. Ainsi la Cavalerie monte à cent soixante-cinq Escadrons, six cens vingt Compagnies, & vingt-quatre mille huit cent Maîtres. Chaque Régiment est commandé par un Mestre de Camp, c'est le titre des Colonels de Cavalerie, un Lieutenant-Colonel & un Major. Il y a dans chaque Compagnie un Capitaine, un Lieutenant & un Maréchal des Logis.

Le Régiment Colonel général a toujours la droite de l'Armée & les premiers postes, lorsque la Maison du Roi n'y est pas, ou les seconds lorsqu'elle s'y trouve. Son Etendart appellé *la Cornette blanche*, ne salue que le Roi, les Princes du Sang, le Colonel général, & les Maréchaux de France Commandans ; & lorsqu'il passe, il est salué par tous les autres.

## *Des Dragons.*

LEs Dragons sont une espece de Cavaliers qui combattent à pied & à cheval, aussi sont-ils réputés du Corps de l'Infanterie. Ils ne portent que des botines, & ont pour armes l'épée, la bayonnette & le fusil.

On attribue l'établissement de cette Milice à Charles de Cossé Maréchal de Brissac, sous Henri II. mais elle ne fut enrégimentée qu'en 1635.

J'ai parlé du Colonel Général des Dragons ; il y a outre cela un Mestre de Camp général des Dragons, dont la Charge fut créée en 1684.

Le Corps des Dragons n'est actuellement composé que de quinze Régimens, de quatre Escadrons, chacun à quatre Compagnies par Escadrons. Chaque Compagnie est de quarante-un hommes, y compris deux Brigadiers & un Tambour. Il n'y a que le Régiment d'Harcourt qui a des Timballes, parce qu'il les a enlevées aux Ennemis.

Ainsi on comptoit en 1734. en France soixante Escadrons de Dragons, faisant deux cent quarante Compagnies, & neuf mille huit cent quarante hommes.

Il y a dans chaque Régiment un Meſtre de Camp, un Lieutenant-Colonel & un Major ; & dans chaque Compagnie un Capitaine, un Lieutenant & un Maréchal des Logis.

Le plus ancien Major des Dragons fait à l'Armée la fonction de Major général de ſon Corps.

---

## Des Troupes de la Maiſon du Roi.

LEs Troupes de la Maiſon du Roi montent à environ dix mille hommes, & ſont à pied & à cheval.

La Cavalerie eſt compoſée de quatre Compagnies des Gardes du Corps, de celle des Chevaux-Legers, & de deux des Mouſquetaires. J'ai parlé ailleurs de ces Troupes.

Il y a outre cela la Gendarmerie, & les Grenadiers à cheval.

La Gendarmerie eſt diſtribuée en

seize Compagnies. La premiere qui est celle des Gendarmes Écossois, a le pas sur les Mousquetaires.

Ces seize Compagnies forment huit Escadrons. Chacune est composée de soixante-quinze Gendarmes ou Chevaux-Legers, & forme deux Brigades, dans chacune desquelles il y a deux Maréchaux des Logis, un Brigadier, un sous-Brigadier, un Fourier & un Trompette.

Chaque Compagnie est commandée par un Capitaine - Lieutenant, & un sous - Lieutenant. Les Maréchaux des Logis prennent la qualité de *Capitaines de Cavalerie*.

La Compagnie des Grenadiers à cheval fut créée en 1676. elle a à sa tête un Capitaine - Lieutenant, trois Lieutenans, trois sous-Lieutenans, & trois Maréchaux des Logis, elle est composée de trois Brigades, montant à soixante-quinze hommes.

L'Infanterie de la Maison du Roi consiste dans la Compagnie des Cent Suisses de la Garde, dont j'ai parlé ailleurs, dans le Régiment des Gardes Françoises, & dans celui des Gardes Suisses.

Le Régiment des Gardes Françoises est le premier de l'Infanterie, & fut
créé en 1563. par Charles IX. Il a été
sur différens pieds, suivant la différence des Regnes.

Aujourd'hui il est composé de trente-
trois Compagnies, en comptant les
trois de Grenadiers, à cent dix hommes
par Compagnie, y compris deux Enseignes & quatre Tambours, ce qui
fait en tout trois mille six cent trente
hommes.

Chaque Compagnie est commandée
par un Capitaine qui a le rang de Colonel, un Lieutenant & deux sous-Lieutenans.

Les principaux Officiers de ce Régiment sont,

1°. Le Colonel, il est instalé par le
Roi, & prête serment entre les mains
d'un Maréchal de France. Ses appointemens sont de 10000. liv. non compris les six deniers pour livre de tous les
payemens qui se font aux Officiers &
aux soldats du Régiment.

2°. Un Aide-Major qui a sous lui
quatre Aides-Majors, & quatre sous-
Aides-Majors.

3°. Deux Maréchaux des Logis aux

appointemens de 1500. liv. chacun.

Le Régiment des Gardes Françoises a toujours la droite sur celui des
Gardes Suisses.

Le Régiment des Gardes Suisses fut
créé en 1616. Il est composé de douze
Compagnies, faisant en tout trois mille
hommes à deux cent cinquante hommes par Compagnie.

Ce Régiment est commandé par le
Colonel général des Suisses & Grisons,
dont la Charge est des plus considérables de la Guerre. Il a Jurisdiction sur
toutes les Troupes Suisses qui sont au
service du Roi , excepté sur les Cent
Suisses de la Garde.

---

## De l'Artillerie.

LE Corps de l'Artillerie est commandé par le Grand-Maître dont
j'ai parlé. Il a sous lui quatorze Lieutenans généraux de l'Artillerie , dont
deux seulement sont en charge ; les
douze autres ont leurs départemens
dans les Provinces.

Il y a outre cela autant de Commissaires de l'Artillerie qu'il y a de places,

un Tréforier général, un Commiſſaire général des Poudres, & un Inſpecteur général.

La Juriſdiction de l'Artillerie eſt compoſée du Régiment Royal-Artillerie Infanterie, & du Régiment Royal des Carabiniers Cavalerie.

Le Régiment Royal d'Artillerie fut créé en 1671. & en 1720. on y incorpora le Régiment des Bombardiers & les cinq Compagnies des Mineurs, Canoniers & Sapeurs, qui étoient du Corps de l'Artillerie. Depuis ce temps-là ce Régiment eſt compoſé de cinq Bataillons, de deux cent quatre-vingt cinq Officiers, & de trois mille deux-cent cinquante hommes.

Il a à ſa tête le Grand-Maître de l'Artillerie, qui a ſous lui cinq Lieutenans-Colonels & cinq Majors ; il a auſſi un Directeur & un Inſpecteur général des quatre Ecoles d'Artillerie, qui ſont Metz, Straſbourg, Grenoble & Perpignan.

Outre cela, il y a cinq Compagnies des Mineurs, & cinq Compagnies d'Ouvriers qui forment des Corps à part.

Le Régiment Royal-Carabinier eſt

auſſi commandé par le Grand-Maître de l'Artillerie ; ſes armes ſont la Carabine. Il fut créé en 1694.

Il eſt compoſé de cinq Brigades dans chacune deſquelles il y a un Lieutenant Colonel & un Major. Ces cinq Brigades forment dix Eſcadrons & quarante Compagnies , faiſant en tout ſeize cent hommes.

Le Corps des Ingénieurs eſt auſſi lié à l'Artillerie. Leur nombre eſt d'environ trois cent , diſtribué en quatre Claſſes.

La premiere eſt des Directeurs , dont il y en a un dans chaque Province à 6000. liv. d'appointemens , & 600. liv. pour un Deſſinateur. La plûpart ont outre cela des penſions attachées au Corps ; la plus forte eſt de 6000. liv.

La ſeconde eſt des Ingénieurs en chef ; il y en a dans chaque place à 3600. liv. d'appointemens , ou environ.

La troiſiéme eſt compoſée des Ingénieurs en ſecond , & la quatriéme , des Subalternes. Ils ont auſſi des appointemens , dont les moindres ſont de 600. liv.

Dans les Siéges , les Ingénieurs ſont commandés par un Officier général.

Chacune

Chacune de leur Brigade eſt compoſée d'un Brigadier à 400. liv. par mois, d'un ſous-Brigadier & d'un Chef de Brigade à 200. liv. & de trois Ingénieurs à 150. liv.

Le fonds des appointemens des Ingénieurs monte à environ 500000. liv.

---

## De la Marine.

LE Chef de la Marine de France eſt l'Amiral, dont on prétend que le nom vient du mot *Arabe Emir*.

Cette Charge ne fut pas d'abord unique, & ne fut, dit-on, érigée en titre d'Office qu'en 1327. par Charles IV. d'autres diſent par Charles V. Elle fut ſupprimée ſous Louis XIII. & rétablie ſous Louis XIV. en 1669.

L'Amiral commande à toute la Marine, & ſans ſa permiſſion perſonne ne peut armer, ni monter aucun Vaiſſeau. S'il eſt auprès du Roi, tous les ordres qui regardent la Marine, doivent lui être communiquez. Il jouit du droit de Dixiéme ſur toutes les priſes & conquêtes faites à la mer, du droit d'encrage, & du droit de congé ſur tous les Vaiſfeaux qui fortent des Ports du Royaume.

Les Prifes font jugées par l'Amiral & par les Commiffaires nommés par le Roi, & les appellations de leurs Ordonnances font jugées au Confeil Royal des Finances, où l'Amiral affifte.

Enfin l'Amiral eft le Chef de toutes les Amirautés de France établies pour connoître de tous les différends & malverfations qui arrivent fur mer : la Juftice s'y rend en fon nom, il en nomme tous les Officiers, qui cependant font obligés de prendre leurs Provifions du Roi, & jouit du revenu des amendes & confifcations, & de la moitié de celles de la Table de Marbre.

Le Siége de l'Amirauté de France fe tient à Paris dans la grande Salle du Palais. L'on y juge en derniere inftance des mêmes matieres que les autres, & par appel des Jugemens des autres Amirautés.

Il a fous lui deux Vice-Amiraux, qui font ordinairement Maréchaux de France. Ils furent créés en 1669. L'un a le titre de Vice-Amiral du Levant, & l'autre de Vice-Amiral du Ponant, & ils commandent l'un & l'autre dans leur Département fous l'autorité & en l’abſence de l’Amiral. Ils ont ſous eux,

1°. Les Lieutenans généraux des Armées Navales, qui commandent ſous l’autorité & dans l’abſence du Vice-Amiral. Ils ne ſont ordinairement que quatre.

2°. Les Chefs d’Eſcadre : ce ſont des Officiers généraux qui commandent dans l’abſence des Lieutenans généraux. Ils tiennent ſur mer le même rang que les Maréchaux de camp ſur terre. Ils ſont actuellement douze.

3°. Les Capitaines de Vaiſſeaux, qui quand ils ſervent ſur terre, roulent avec les Colonels.

4°. Les Intendans de la Marine, il y en a dans tous les Ports où le Roi a des Arſenaux, & ils y ont la direction de tout ce qui concerne la Juſtice, Police & Finances de la Marine.

5°. Les Commiſſaires généraux de la Marine, qui, dans les Ports ont inſpection ſur les Ateliers & les Magaſins, viſitent les Livres de recette & de dépenſe, préſident aux Armemens, &c. Ils ſont neuf, & furent érigés en titre d’Office en 1702.

6°. Deux Tréſoriers généraux de la Marine. En 1692. le Roi créa trois

Compagnies des Gardes de la Marine de cent hommes chacune, tous Gentilshommes, & il les établit à Brest, à Rochefort & à Toulon. On leur donna le nom de *Gardes de la Marine*, parce qu'ils fervoient d'abord de Gardes à l'Amiral lorfqu'il alloit à la mer. Chacune de ces Compagnies eft commandée par un Capitaine de Vaiffeau, & on en tire les Enfeignes des Vaiffeaux.

Outre cela, le Roi établit en 1716. une Compagnie de Gentilshommes deftinés à fervir de Gardes à l'Amiral, lorfqu'il eft à la mer, fous le nom de *Gardes du Pavillon-Amiral.* Ils font quatre-vingt à 360. liv. d'appointemens chacun, commandés par un Capitaine de Vaiffeau qui a 6000. liv. d'appointemens. Ils font tirés des Compagnies des Gardes de la Marine, & les uns & les autres font inftruits dans les Arfenaux aux dépens du Roi dans tous les exercices de la Guerre & de la Navigation.

Le Roi entretient encore cent Compagnies Franches pour fervir fur les Vaiffeaux. Chaque Compagnie eft de quarante-cinq hommes commandés par un Lieutenant de Vaisseau ; & dans les Ports de Brest, Toulon & Rochefort, il y a un Inspecteur de ces Compagnies.

Chaque Province Maritime du Royaume est divisée aussi en plusieurs Classes ou Départemens, dans chacun desquels un Commissaire de Marine tient un rolle des Officiers Mariniers & Matelots qui y sont. Chaque Classe sert alternativement de trois ou quatre années l'une. Par le recensement qui fut fait de ces Classes en 1713. il s'y trouva cinq mille huit cent cinquante-cinq Capitaines, Maîtres & Patrons, dix mille sept cens cinquante-cinq Officiers Mariniers, cinquante-deux mille cinq cens cinquante-quatre Matelots, douze mille trois cens soixante-six mille Invalides, dix mille neuf cent vingt Mousses, ce qui fait en tout quatre-vingt douze mille quatre cens cinquante gens de mer.

N'oublions pas les Capitaines-Gardes-Côtes établis en 1716. dans les Provinces Maritimes avec leurs Majors & Lieutenans. Les Capitaines & les Majors ont rang de Capitaines d'Infanterie, & jouissent des mêmes privileges.

Les Lieutenans ont celui de Lieutenans d'Infanterie.

Les Vaiſſeaux du Roi ſont diſtribués dans les Ports de Breſt, du Port-Louis, de Toulon, de Rochefort & du Havre, dans chacun deſquels il y a des Arſenaux. Le nombre de ces Vaiſſeaux du Roi n'eſt pas fixé. Il y en a de cinq grandeurs différentes.

Ceux de la premiere portent depuis 70. juſqu'à 100. pieces de canon, & ont cent hommes d'équipage.

Ceux de la ſeconde & de la troiſiéme eſpece portent depuis 40. juſqu'à 50. canons.

Ceux de la quatriéme ſont montés de 30. à quarante canons.

Ceux de la cinquiéme de 18. à 20. canons.

----

## Du Corps des Galeres.

LE Roi entretient ſur la Méditerranée, & ordinairement dans le Port de Marſeille, un certain nombre de Galeres, qui forment un Corps de Marine particulier & indépendant de l'Amiral.

A la tête de ce Corps eſt le Général
des Galeres, qui prend auſſi le titre de
*Lieutenant général des Mers du Le-*
*vant.* Il porte pour marque de ſa digni-
nité un grapin en pal derriere ſes armes. Cette Charge n'a commencé qu'en
1497. par la réunion de la Provence à
la Couronne. Le dernier qui a poſſédé cette Charge, eſt feu M. le Chevalier d'Orléans Grand-Prieur de France. Ses appointemens montent à 48000.
livres.

Il a ſous lui deux Lieutenans généraux. La Charge de l'un eſt ancienne,
& produit 18000. liv. par an; l'autre n'a
été créée qu'en 1718. & n'a que les appointemens de Chef d'Eſcadre.

Il y a aujourd'hui trois Chefs d'Eſcadre dans les Galeres, & pour chaque
Galere un Capitaine, un Lieutenant &
un Enſeigne.

Les Galeres ont auſſi un Intendant,
un Inſpecteur, un Controlleur, deux
Commiſſaires généraux, &c.

En 1713. la Chiourme des Galeres
ſe montoit à ſix mille ſept cent vingt
hommes. Outre cela, il y a dans chaque Galere une Compagnie de ſoixan-
te hommes, commandée par les Officiers de la Galere.

Le Roi entretient aussi une Compagnie de Gardes de l'Etendart, qui font fur la Galere, ce que les Gardes du Pavillon-Amiral font fur les Vaisseaux : c'est d'entr'eux qu'on tire les Enseignes de Galere. Cette Compagnie est composée de cinquante Gentilshommes, qui forment deux Brigades commandées par un Capitaine, un Lieutenant, un Enseigne, un Maréchal des Logis, & deux Brigadiers.

La premiere des Galeres s'appelle *la Réalle*, parce qu'elle porte l'Etendart Royal. C'est toujours le Général qui la monte lorfqu'il est en mer. La fuivante s'appelle *la Patronne*, & est commandée par le Lieutenant général.

Remarquons avant de finir, que Louis XIV. non content d'avoir pourvû en 1674. au foulagement des Officiers & foldats des Troupes de terre par l'établissement de l'Hôtel Royal des Invalides, que l'âge ou les blessures mettoient hors d'état de fervir, voulut aussi faire quelque chofe de pareil pour ceux de la Marine. Dans cette vûë, par fon Edit de 1709. il accorda à tous les Officiers, Matelots & Soldats de la Marine & des Galeres, & même

même aux Ouvriers des Arſenaux, qui auront vieilli au Service, ou que leurs bleſſures auront rendus incapables, une demie ſolde. En même temps pour aſſurer un fond ſuffiſant pour cette dépenſe, il ordonna qu'on retint quatre deniers pour livre ſur toutes les Penſions, Gages, & Appointemens qu'on paye au Corps de la Marine & des Galeres, pour être employés à cet uſage.

## De la Prévôté de l'Hôtel, ou du Juge de la Cour.

LE Grand-Prévôt de France eſt le Juge ordinaire de la Maiſon du Roi. Il juge tout ce qui concerne le Civil, le Criminel & la Police, entre les Officiers du Roi, & toutes les affaires où ils ſont Parties.

C'eſt à ſon nom que l'on appoſe les ſcellés, & que l'on fait les Inventaires & tous autres Actes de Juſtice dans les Maiſons Royales, pourvû qu'elles ne ſoient pas éloignées de plus de 14. lieues de Paris. Il connoît auſſi dans Paris concurremment avec les autres Prévôts, de tous les Crimes & Délits pour & contre les gens de la Cour, & suite du Roi.

Dans les Voyages du Roi, plusieurs Marchands & Artisans privilegiés, suivent la Cour avec les Marchandises convenables à leur état. Ils prennent des Lettres de lui à ce nécessaires, & ont pouvoir de tenir Boutique ouverte à Paris & autres Villes. C'est ce que l'on appelle *les Marchands Privilegiés suivant la Cour*, & sont soumis à sa Jurisdiction.

Il n'y a point d'appel des Jugemens rendus par ses Lieutenans de Robbe-Longue en Matiere Criminelle, dont les Instructions se font par eux seuls. Ils rapportent & jugent les Procès Criminels, avec le Grand-Prévôt qui y appelle des Maîtres des Requêtes ou des Conseillers du Grand-Conseil. Ses Jugemens sont appellés *Jugemens Souverains*. Il a sous lui deux Lieutenans pourvûs par le Roi à sa nomination, & reçus au Grand-Conseil où ils font serment. Un Procureur du Roi, un Greffier en Chef & plusieurs Huissiers Audienciers. Tous ces Officiers sont Commensaux de la Maison du Roi.

En fait de Matiere Civile, les Appellations ressortissent au Grand-Conseil,

# PETIT ITINERAIRE.

*Routes du Royaume de France.*

## A.

### DE PARIS,

— à ABBEVILLE, fortant par S. Denis, & paffant par S. Brice, Beaumont, Pizieux, Beauvais & Poix, 32. lieues.

— à Agde, fortant par Ville-juif, & paffant par Juvifi, Effone, Chailly, Fontainebleau, Nemours, la Croifiere, Montargis, Nogent-le-Rotrou, Briare, Cofne, Pouilly, la Charité, Nevers, Magny, Chantenay, Moulins, Varennes, la Pacaudiere, Rouanne fur la Loire, Tarrare, Lyon, Vienne, S. Valier, Tournon, Valence, Montelimart, Viviers, Pon-Saint-Efprit, Uzès, Nimes, Montpelier & Frontignan, 165. lieues.

— à Agen, fortant par le Bourg-la-Reine, & paffant par Châtres, Eftampes, Orleans, Chaumont, Vatan,

*De Paris ,*

      Argenton , Montrol , Limoges , Chabannes , Perigueux , Bergerac , & Cast.lonez , 128. lieues.

—— à Aire en Artois , sortant par le Bourget, & passant par Louvres, Senlis , Gournet, Peronne , Bapaume, Arras , Lens & Béthune , 52. lieues.

—— à Aire en Gascogne , *voyez* Agen , & depuis par Nerac , 155. lieues.

—— à Aix , *voyez* Agde jusqu'à Pont-Saint-Esprit , & de-là par Orange , Avignon & Lambese , 160 lieues.

—— à Alais , *voyez* Agde jusqu'à Pont-Saint-Esprit , & depuis audit endroit , 140. lieues.

—— à Alby , *voyez* Agde jusqu'à la Charité , & depuis par Sancergues , Dun-le-Roi , S. Amand , Espineuil , Les-Paux , Aubusson, Ussel , Ventadour , Valette , Privezac , S. Serre , Figeac , Villeneuve , Villefranche , Nayac , Cordes & Cajeusac , 150. lieues.

—— à Alençon , sortant par Versailles , & passant par Neaufle , Houdan , Dreux , Bresolles & Mortagne , 42. lieues.

—— à Aleth , *voyez* Carcassonne , & depuis par Limoux , 160. lieues.

—— à Amboise , *voyez* Agen jusqu'à Orléans , & depuis par Beaugency & Blois , 52. lieues.

—— à Amiens , sortant par S. Denis , & passant par Luzarches, Creil, Cler-

*De Paris,*

mont & Breteuil, 28. lieues.

—— à Angers, sortant par Versailles, &
passant par Trappe, Conieres, Rambouillet , Maintenon , Chartres ,
Nogent-le-Rotrou, le Mans & la
Fléche , 65. lieues.

—— à Angoulême , *voyez* Amboise , &
depuis par Loches , Chatelleraud ,
Poitiers, Vivonne & Ruffec , 100.
lieues.

—— à Antibes , *voyez* Aix , & depuis par
Brignolet & Frejus , 184. lieues.

—— à Apt , *voyez* Agde jusqu'à Montelimart , & depuis par Nions, Sault
& S. Savernin, 150. lieues.

—— à Argenton, *voyez* Agen, 64. lieues.

—— à Arles , *voyez* Alais , & depuis par
Usès, Nimes & Beaucaire , 160.
lieues.

—— à Arras , sortant par le Bourget, &
passant par Louvres, Senlis, Gour-
nay , Peronne & Bapaume , 40.
lieues.

—— à Aubusson , *voyez* Alby, 78. lieues.

—— à Avignon , *voyez* Aix , 145. lieues.

—— à Avranches , *voyez* Alençon jusqu'à
Dreux , & depuis par Verneuil,
Moulins , Séez , Briouze , Flers
& Cunes, 70. lieues.

—— à Ausch, *voyez* Agen , & depuis par
Leytoure & Roquelaure , 150.
lieues.

—— à Autun , *voyez* Agde jusqu'à Fontainebleau, & depuis par Moret, Sens,

*De Paris,*

Joigny , Auxerre , Avalons , Sau-
lieu & Lucenay , 70. lieues.

—— à Auxerre , *voyez* Autun , 40. lieues.

## B.

—— à BARFLEUR , fortant de Paris
par S. Germain , Poiſſy , Meulan , Mante , Evreux , Bernay ,
Liſieux , Caën , Bayeux , Iſſigny
& Valogne , 80. lieues.

—— à Bar-le-Duc, fortant par le Bourget ,
& paſſant par Meaux , Château-
Thierry , Epernay , Chaalons &
Fraiſne , 50. lieues.

—— à Bar-fur-Aube , fortant par Charen-
ton , & paſſant par Boiſſy , Guigne ,
Nangis , Provins , Nogent-fur-Sei-
ne, Pont-fur-Seine, Troyes, & Van-
deuvre , 40. lieues.

—— à Bar-fur-Seine , *voyez* Bar-fur-Aube
juſqu'à Troyes , & depuis audit endroit , 38. lieues.

—— à Bayeux, *voyez* Barfleur, 60. lieues.

—— à Bayonne, *voyez* Angoulême juſqu'à
Poitiers, & depuis par Luſignan,
S. Jean d'Angely , Saintes , Coſnac,
Bourdeaux, Albret & Dax ou Acqs,
160. lieues.

—— à Bazas, *voyez* Bayonne juſqu'à Bourdeaux , & depuis par Caſtres , 135.
lieües.

—— à Beaumont , fortant par S. Denis, &
paſſant par S. Brice, 8. lieues.

*De Paris,*

— à Beauvais, *voyez* Abbeville, 16 lieues.

— à Bellay , *voyez* Autun , & depuis par Châlons-fur-Saone, Triviers, Bourg-en-Breffe , & S. Rambert , 110. lieues.

— à Befançon , *voyez* Bar-fur-Aube , & depuis par Chaumont , Langres, Preffigny , S. Loup & Gys, 75. lieues.

— à Béthune , *voyez* Aire en Artois , 46. lieues.

— à Beziers , *voyez* Agde jufqu'à Montpelier , & depuis par Loupian & Pezenas, 160 lieues.

— à Blois, *voyez* Amboife , 45. lieues.

— à Boulogne , *voyez* Amiens , & depuis par Dourlens, Hefdin & Eftaples , 52. lieues.

— à Bourdeaux , *voyez* Bayonne , 128. lieues.

— à Bourg-en-Breffe , *voyez* Bellay, 96. lieues.

— à Bourges en Berry , *voyez* Amboife jufqu'à Orleans , & depuis par la Ferté-Senneterre , Salbris & Loigny, 54. lieues.

— à Breft , *voyez* Avranches, & depuis par Dol , S. Brieux , S. Michel & Landernau, 104. lieues.

— à Briançon, *voyez* Agde jufqu'à Lyon, & depuis par la Verpilliere, Rives, Grenoble & la Grave , 138. lieues.

— à Briare, *voyez* Agde, 32. lieues.

— à Brioude , *voyez* Agde jufqu'a Mou-

Z iiij

*De Paris,*

       lins, & depuis par S. Pourçain, Riom, Clermont & Yſſoire, 105. lieues.

—— à Briſſac, *voyez* Bar-le-Duc, & depuis par Toul, Rozieres, Lunéville, Baccarat, Raon, S. Diey, Viller & Scheleſtat, 100. lieues.

—— à Bruxelles, *voyez* Arras juſqu'à Perronne, & depuis par Metz en Couture, Cambray, Valenciennes, Queuvrain, Mons & Notre-Dame de Halle, 65. lieues.

C.

—— à **C**AEN, *voyez* Barfleur 47. lieues.

—— à Cahors, *voyez* Agen juſqu'à Limoges, & depuis par Uzarches, Tulles, Brive, Souillac, Gourdon & Catus, 117. lieues.

—— à Calais, *voyez* Boulogne, & depuis par Marquiſe, 60. lieues.

—— à Cambray, *voyez* Bruxelles, 40. lieues.

—— à Carcaſſonne, *voyez* Cahors, & depuis par Caſtelneau, Montauban, Toulouſe & Caſtelnaudari, 165. lieues.

—— à Carentan, *voyez* Barfleur juſqu'à Iſſigny, & depuis audit endroit, 66. lieues.

—— à Caſtres, *voyez* Alby, & depuis par Lautrec., 160. lieues.

*De Paris,*

— à Chaalons en Champagne , *voyez* Bar-le-Duc , 36. lieues.

— à Châlons-fur-Saone , *voyez* Bellay , 80. lieues.

— à Chantilly , fortant par S. Denis , & depuis par Efcouan & Lufarches , 9. lieues.

— à Charleville , fortant par le Bourget, & paffant par Roiffy, Dammartin , Levignan , Villers-Cotterêt , Soiffons, Braine, Rheims, Rhetel & Launoy , 50. lieues.

— à Chartres, *voyez* Angers, 18. lieues.

— à Châteaudun , *voyez* Angers jufqu'à Chartres , & depuis par Vitry & Bonneval, 26. lieues.

— à Château-Thierry , fortant par Bondi, & paffant par Livry , Claye, Meaux , la Ferté-fous-Jouare, & Nanteuil, 20. lieues.

— à Château - Vieux , *voyez* Bourges en Berri, jufqu'à la Ferté-Senneterre , & depuis par Chaumont audit endroit, 40. lieues.

— à Chatelleraud , *voyez* Angoulême , 72. lieues.

— à Châtres , *voyez* Agen , 7. lieues.

— à Chaumont en Champagne , *voyez* Befancon , 45. lieues.

— à Cherbourg , *voyez* Barfleur jufqu'à Valogne , & depuis audit endroit, 77. lieues.

— à Claye, *voyez* Château-Thierry , 7. lieues.

*De Paris ,*

— à Clermont en Auvergne , *voyez* Brioude , 90. lieues
— à Clermont en Beauvoifis , *voyez* Amiens , 14. lieues.
— à Coindrieux , *voyez* Agde jufqu'à Lyon , & depuis par Guyor & Sainte-Colombe , 110. lieues.
— à Colmar , *voyez* Briffac jufqu'à Viller , & depuis par Keiferperg & Turcheim , 96. lieues.
— à Comminges , *voyez* Aufch , & depuis par Pavie, Caftelnau & S. Gaudens , 166. lieues.
— à Compiegne , *voyez* Arras jufqu'à Senlis , & depuis par la Croix-Saint-Ouen, 18. lieues.
— à Condom , *voyez* Agen , & depuis par Montjoye , 140. lieues.
— à Corbeil , fortant par Ville-Juif, & paffant par Juvify & Rys , 7. lieues.
— à Couliouvres , *voyez* Carcaffonne , & depuis par Narbonne & Perpignan , 175. lieues.
— à Coulommiers , *voyez* Château-Thierry jufqu'à Meaux , & de-là audit endroit , 14. lieues.
— à Coutances , *voyez* Barfleur jufqu'à Caën , & depuis par S. Lô audit endroit , 70. lieues.
— à Couferans , *voyez* Comminges , & de-là audit endroit , 170. lieues.
— à Creil , *voyez* Amiens , 12. lieues.
— à Crefpy en Valois , *voyez* Charleville jufqu'à Dammartin, & depuis par Nanteuil , 15. lieues.

## D.

— à **D**AMMARTIN, *voyez* Charleville, 7. lieues.

— à Dax *ou* Acqs, *voyez* Bayonne, 150. lieues.

— à Dieppe, *voyez* Barfleur jusqu'à Mante, & depuis par Vernon, Gaillon, Pont-de-l'Arche, Rouen, Toftes & Longueville, 40. lieues.

— à Digne, *voyez* Bellay, & depuis par la grande Chartreufe, Grenoble, Lefdiguere, Gap, Tallard & Toart, 150. lieues.

— à Dijon, *voyez* Bar-fur-Seine, & depuis par Châtillon, S. Marcel & Champceaux, 60. lieues.

— à Dole, *voyez* Breft, 76. lieues.

— à Dole en Franche-Comté, *voyez* Dijon, & depuis par Auffonne audit endroit, 72. lieues.

— à Douay, *voyez* Cambray, & depuis par Bouchain audit endroit, 46. lieues.

— à Dreux, *voyez* Alençon, 17. lieues.

— à Dunkerque, *voyez* Bethune, & depuis par S. Venant, Caffel, Bergue & Mardike, 60. lieues.

## E.

— à **E**MBRUN, *voyez* Briançon, & depuis par le Pertuis & S. Clement, 145. lieues.

*De Paris,*

—— à Effone, *voyez* Agde, 8. lieues.
—— à Eftampes, *voyez* Agen, 14. lieues.
—— à Evreux, *voyez* Barfleur jufqu'à Mante, & depuis par Bonnieres & Paffy, 22. lieues.

## F.

—— à FONTAINEBLEAU, *voyez* Agde, 14. lieues.
—— à Fontarabie, *voyez* Bayonne, & depuis par S. Jean de Luz, 165. lieues.
—— à Forges, *voyez* Abbeville jufqu'à Beauvais, & depuis audit endroit, 24. lieues.
—— à Frejus, *voyez* Antibes, 180. lieues.
—— à Frontignan, *voyez* Agde, 164. lieues.
—— à Furnes, *voyez* Dunkerque jufqu'à Bergue, & de-là audit endroit, 62. lieues.

## G.

—— à GAP, *voyez* Briançon jufqu'à Grenoble, & depuis par Mirebel & S. Julien, 140. lieues.
—— à Genéve, *voyez* Agde jufqu'à Lyon, & depuis par Mirebel, Valbonne, Nantua & Coulonges, 146. lieues.
—— à Glandèves, *voyez* Digne, & depuis par Annot audit endroit, 160. lieues.
—— à Grand-Ville, *voyez* Avranches, & depuis par la Ville-Dieu audit endroit, 72. lieues.
—— à Graffe, *voyez* Glandèves, & de

*De Paris,*

    puis par Thorene audit endroit, 170. lieues.

—— à Gravelines, *voyez* Calais, & depuis audit endroit, 64. lieues.

—— à Grenoble, *voyez* Briançon, 120. lieues.

—— à Guise, *voyez* Compiegne, & depuis par Noyon, & S. Quentin, 38. lieues.

## H.

—— à HARFLEUR, *voyez* Dieppe jusqu'à Rouen, & depuis par Caudebec & Lille-Bonne, 45. lieues.

—— au Havre-de-Grace, *voyez* Harfleur, & depuis audit endroit, 47. lieues.

—— à la Hogue, *voyez* Barfleur jusqu'à Valogne, & depuis audit endroit, 76. lieues.

—— à Honfleur, *voyez* Barfleur jusqu'à Evreux, & depuis par Beaumont-le-Roger, Brionne & Pont-eau-de-Mer, 42. lieues.

## I.

—— à ISSIGNY, *voyez* Barfleur, 64. lieues.

## L.

—— à LA Ferté-sous-Jouarre, *voyez* Château-Thierry, 12. lieues.

—— à Langres, *voyez* Besançon, 56. lieues.

*De Paris,*

—— à Laon, *voyez* Charleville jusqu'à Soiſ-
    ſons, & depuis par Chavignon audit
    endroit, 28. lieues.

—— à Lavaur, *voyez* Cahors, & depuis
    par Montpeſat, Cauſſade, Ville-
    mur & Rubaſtens, 140 lieues.

—— à Leſcars, *voyez* Aire en Gaſcogne,
    & depuis par Geaume, Mioſſens &
    Navailles, 166. lieues.

—— à Leytoure, *voyez* Auſch, 140. lieues.

—— à Limoges, *voyez* Agen, 90. lieues.

—— à Liſieux, *voyez* Barfleur, 40. lieues.

—— à Liſle-Adam, ſortant par S. Denis,
    & paſſant par S. Leu-Taverny &
    Frepillon, 7. lieues.

—— à Liſle en Flandres, *voyez* Arras, &
    depuis par Lens, & la Baſſée, 45.
    lieues.

—— à Loches, *voyez* Angoulême, 60.
    lieues.

—— à Lodèves, *voyez* Brioude, & de-
    puis par S. Flour, S. Lazier, Mar-
    vejols, Mende, Florac, Levigan
    & S. Michel, 140. lieues.

—— à Louvres en Pariſis, *voyez* Arras,
    5. lieues.

—— à Luçon, *voyez* Angoulême jusqu'à
    Poitiers, & depuis par Sançay,
    S. Maxent, Niort, & Maillezais,
    110. lieues.

—— à Lunéville, *voyez* Briſſac, 74. lieues.

—— à Luxembourg, *voyez* Chaalons en
    Champagne, & depuis par Notre-
    Dame de Leſpine, Sainte Me-

*De Paris,*

nehould , Clermont , Verdun ,
Samoigneux & Longuy, 72. lieues.
—— à Luzarches , *voyez* Amiens, 5. lieues.
—— à Lyon , *voyez* Agde , 102. lieues.

## M.

—— à MACON , *voyez* Autun, & depuis par Brandons, Mont-Saint-
Vincent, Uxel & Clugny, 85. lieues.
—— à Maintenon , *voyez* Angers , 15.
lieues.
—— au Mans , *voyez* Angers , 48. lieues.
—— à Mantes, *voyez* Barfleur, 11. lieues.
—— à Marseille , *voyez* Aix , & depuis
par le Logis-Dupin , 165. lieues.
—— à Maubeuge , *voyez* Bruxelles jusqu'à
Cambray , & depuis par Solent , le
Quesnoy & S. Vaast , 50. lieues.
—— à Meaux en Brie , *voyez* Bar-le-Duc,
10. lieues.
—— à Meaux-sur-Marne , *voyez* Bar-le-
Duc jusqu'à Château - Thierry , &
de-là audit endroit, 20. lieues.
—— à Melun , *voyez* Agde jusqu'à Esson-
ne, & depuis par S. Leu, 12. lieues.
—— à Mende, *voyez* Lodèves, 120. lieues.
—— à Metz , *voyez* Luxembourg jusqu'à
Verdun , & depuis audit endroit ,
68. lieues.
—— à Meulan, *voyez* Barfleur , 8. lieues.
—— à Mirepoix, *voyez* Castres , & depuis par S. Papoul, Castelnaudari &
Carlat , 175. lieues.

*De Paris*,

—— à Mons, *voyez* Bruxelles, 54. lieues.
—— à Montargis, *voyez* Agde, 26. lieues.
—— à Montauban , *voyez* Carcaſſonne , 140. lieues.
—— à Montelimart,*voy.* Agde,135. lieues.
—— à Montereau , *voyez* Melun , & depuis audit endroit , 15. lieues.
—— à Montpelier , *voyez* Agde , 158. lieues.
—— à Moret, *voyez* Melun , & depuis par les Baſſes Loges , 16. lieues.
—— à Mortagne , *voyez* Alençon , 32. lieues.
—— à Moulins, *voyez* Agde , 66. lieues.

### N.

—— à Namur, *voyez* Guiſe , & depuis par la Capelle, Chimay, Philippeville & Salſens , 60. lieues.
—— à Nancy, *voyez* Bar-le-Duc, & depuis par Lagny , S. Aubin & Toul, 65. lieues.
—— à Nantes, *voyez* Angers , & depuis par S. Georges , Varade, Ancenis & Mauve , 84. lieues.
—— à Narbonne, *voyez* Beziers, & depuis audit endroit, 168. lieues.
—— à Nemours, *voyez* Agde, 18. lieues.
—— à Nevers, *voyez* Agde, 54. lieues.
—— à Neuf-Châtel, *voyez* Dieppe, 30. lieues.
—— à Nice, *voye* Digne, & depuis par Senés , Caſtellane , Tourettes & Vence, 176. lieues.

à

*De Paris,*

— à Nieuport, *voye* Furnes, & depuis audit endroit, 65. lieues.

— à Nimes, *voyez* Agde, 150. lieues.

— à Niort, *voyez* Luçon, 88. lieues.

— à Nogent-le-Rotrou, *voyez* Agde, 30. lieues.

— à Nogent-sur-Seine, *voyez* Bar-sur-Aube, 22. lieues.

— à Noyon, *voyez* Compiegne, & depuis audit endroit, 22. lieues.

## O.

— à OLERON, Isle de France, *voyez* Niort, & depuis par Fontenay, Surgeres & Rochefort, 110. lieues.

— à Oleron en Bearn, *voyez* Lescars, & depuis par Pau audit endroit, 180. lieues.

— à Orange, *voyez* Aix, 140. lieues.

— à l'Orient, *voyez* Alençon, & depuis par Prez en Pail, Mayenne, Laval, la Gravelle, Château-Bourg, Rennes, Poligné, Derval, la Chatenneraye, le Petit-Molac, Vannes, Auvray & Port-Louis, 106. lieues.

— à Orléans, *voyez* Agen, 30. lieues.

## P.

— à PAMIERS, *voyez* Mirepoix, & depuis par Belpuch audit endroit, 175. lieues.

— à Pau en Bearn, *voyez* Lescars, & de-

*II. Partie.*  A a

*De Paris ,*

puis audit endroit, 168. lieues.

—— à Perigueux, *voyez* Agen, 100. lieues.

—— à Peronne , *voyez* Arras, 30. lieues.

—— à Perpignan , *voyez* Narbonne , &
depuis par Sigean , Salces & Ri-
vezalte , 185. lieues.

—— à Pezenas, *voyez* Beziers, 158. lieues.

—— à Phaltzbourg , *voyez* Nancy , & depuis par Vic & Moyenvic , 88.
lieues.

—— à Philippeville , *voyez* Namur , 50.
lieues.

—— à Poissy, sortant par le Pont de Neuilly , & passant par Nanterre , Cha-
tou , & S. Germain , 5. lieues.

—— à Poitiers , *voyez* Angoulême , 80.
lieues.

—— à Poix , *voyez* Abbeville, 25. lieues.

—— à Pont-à-Mousson , *voyez* Bar-le-Duc
jusqu'à Chaalons , & depuis par
Vaubecourt , S. Michel & Apre-
mont , 65. lieues.

—— à Pont-eau-de-Mer, *voyez* Honfleur ,
36. lieues.

—— à Pont-de-l'Arche , *voyez* Dieppe ,
23. lieues.

—— à Pontoise , sortant par Neuilly , &
depuis par Argenteuil & Montmo-
rency , 7. lieues.

—— à Pont-Saint-Esprit , *voyez* Agde ,
140. lieues.

—— au Port-Louis, *voy.* l'Orient, 104. lieues.

—— à Pouilly , *voyez* Agde , 45. lieues.

—— à Provins, *voyez* Bar-sur-Aube , 18.
lieues.

*De Paris,*

— au Puy en Velay, *voyez* Lodèves jufqu'à Brioude, & depuis par Cou-
bladour, 110. lieues.

## Q.

— au QUESNOY, *voyez* Maubeuge,
45. lieues.
— à Quimper-Corentin, *voyez* l'Orient,
& depuis par Quimperlay audit endroit, 120. lieues.

## R.

— à RAMBOUILLET , *voyez* Angers, 11. lieues.
— à Remorentin, *voyez* Château-Vieux,
& depuis par Millançay, 46. lieues.
— à Rennes , *voyez* l'Orient, 75. lieues.
— à Rheims , *voyez* Charleville , 32.
lieues.
— à Rhetel , *voyez* Charleville , 40.
lieues.
— à Richelieu, *voyez* Amboife, & depuis par l'Ifle - Bouchard audit endroit , 66. lieues.
— à Rieux, *voyez* Lavaur , & depuis par
Villeneuve, Montgiffart & Lezat ,
155. lieues.
— à Riom en Auvergne , *voyez* Brioude,
87. lieues.
— à Roanne *ou* Rouanne , *voyez* Agde ,
75. lieues.
— à Rochefort , *voyez* Luçon , jufqu'à

*De Paris ,*

Maillezais , & depuis par Marans &
la Rochelle , 110. lieues.

—— à la Rochelle , *voyez* Rochefort, 106.
lieues.

—— à Rocroy , *voyez* Charleville , & depuis audit endroit , 54. lieues.

—— à Rhodès , *voyez* Lodèves jusqu'à S.
Flour , & depuis par la Guyolle &
Eſtain , 128. lieues.

—— à Roüen , *voyez* Dieppe , 28. lieues.

### S.

—— à **S**AINT-BRIEUC, *voyez* Breſt ,
95. lieues.

—— à S.-Diziers , ſortant de Paris par
Vincennes, & paſſant par S. Maur,
la Queuë , Roſoy , Sezane , Cham-
penoiſe & Vitry-le-François , 45.
lieues.

—— à S.-Flour , *voyez* Lodèves , 105.
lieues.

—— à S. Germain-en-Laye , *voyez* Poiſſy
4. lieues.

—— à S. Jean-d'Angely , *voyez* Bayonne ,
97. lieues.

—— à S. Jean de Luz , *voyez* Bayonne ,
& depuis audit endroit, 165. lieues.

—— à S. Jean-Pied-de-Port, *voyez* Bayonne, & depuis par Uſtaritz & Or-
çais , 170. lieues.

—— à S. Leu , *voyez* Melun , 10. lieues.

—— à S. Liziers , *voyez* Rieux , & depuis
audit endroit , 176. lieues.

*De Paris,*

— à S. Lô, *voyez* Coutances, 63. lieues.
— à S. Malo, *voyez* Brest juſqu'à Dol,
 & depuis audit endroit, 80. lieues.
— à Sainte-Menehould, *voyez* Luxembourg, 46. lieues.
— à S. Michel, *voyez* Avranches, &
 depuis audit endroit, 75. lieues.
— à S. Omer, *voyez* Aire en Artois, &
 depuis audit endroit, 56. lieues.
— à S. Papoul, *voyez* Mirepoix, 166.
 lieues.
— à S. Pons, *voyez* Rhodès, & depuis
 par Villefranche, S. Yéri, Vabres,
 S. Sever & la Caune, 155. lieues.
— à S. Quentin, *voyez* Guiſe, 35. lieues.
— à S. Sebaſtien, *voyez* Fontarabie, &
 depuis audit endroit, 166. lieues.
— à S. Vallery, *voyez* Dieppe juſqu'à
 Toſtes, & depuis audit endroit,
 42. lieues
— à Saintes *ou* Xaintes, *voyez* Bayonne,
 106. lieues.
— à Sancerre, *voyez* Agde juſqu'à Coſ-
 ne, & de-là audit endroit, 45.
 lieues.
— à Sar-Louis, *voyez* Metz, & depuis
 par Vry & Bouzonville, 80. lieues.
— à Saverne, *voyez* Nancy, & depuis
 par Vic & Sarbourg, 90. lieues.
— à Saumur, *voyez* Amboiſe juſqu'à
 Blois, & depuis par Tours & Lan-
 gey, 70 lieues.
— à Scheleſtat, *voyez* Briſſac, 92. lieues.
— à Sédan, *voyez* Charleville juſqu'à

*De Paris ,*

    Rhetel , & depuis par le Chêne-Pouilleux , 50. lieues.

—— à Seez, *voyez* Avranches , 42. lieues.

—— à Senez, *voyez* Digne , & depuis audit endroit , 156. lieues.

—— à Senlis, *voyez* Arras , 10. lieues.

—— à Sens, *voyez* Moret , & depuis par Villeneuve, le Guard, & Pont-sur-Yonne, 26. lieues.

—— à Sisteron, *voyez* Digne jusqu'à Grenoble , & depuis par Vizille, la Mure-Die, Castillon , Luc, Serre & Orpierre, 150. lieues.

—— à Soissons , *voyez* Charleville, 22. lieues.

—— à Strasbourg, *voyez* Saverne , & depuis audit endroit, 100. lieues.

T.

—— à TARASCON , *voyez* Arles jusqu'à Beaucaire, & depuis audit endroit, 155. lieues.

—— à Tarbes, *voyez* Ausch, & depuis par Mirande & Rabasteins , 166. lieues.

—— à Thionville, *voyez* Luxembourg jusqu'à Verdun, & depuis par Estain & Gondrecour, 70. lieues.

—— à Thouars, *voyez* Saumur, & depuis audit endroit, 78. lieues.

—— à Tonnerre , *voyez* Sens, & depuis par S. Florentin, 40. lieues.

—— à Toul, *voyez* Bar le-Duc , & de-

*De Paris,*

puis par Lagny & Voye, 65. lieues.
—— à Toulon, *voyez* Aix , & depuis par
Roquevaire & Bauffet , 180. lieues.
—— à Touloufe, *voyez* Carcaffonne , 150.
lieues.
—— à Tournon, *voyez* Agde , 120. lieues.
—— à Tournus, *voyez* Mâcon jufqu'à Uxel,
& de-'à audit endroit , 88. lieues.
—— à Tours, *voyez* Amboife , & depuis
audit endroit, 58 lieues.
—— à Treguier, *voyez* S. Brieuc , & depuis audit endroit, 105. lieues.
—— à Trevoux; *voyez* Mâcon, & depuis
par la Saone audit endroit,94.lieues.
—— à Troyes, *voyez* Bar-fur-Aube , 35.
lieues.
—— à Tulles , *voyez* Cahors, 105. lieues.

### V.

—— à VABRES , *voyez* Rhodès, & depuis par Villefranche audit
endroit, 140. lieues.
—— à Valence en Dauphiné , *voyez* Agde,
125. lieues.
—— à Valenciennes , *voyez* Bruxelles ,
48. lieues.
—— à Valogne, *voyez* Barfleur, 72. lieues.
—— à Vannes, *voyez* l'Orient, 100. lieues.
—— à Vence, *voyez* Nice , 172. lieues.
—— à Vendôme , *voyez* Chateaudun , &
depuis par Claye & la Ville-aux-
Clercs, 36. lieues.
—— à Verdun , *voyez* Luxembourg , 58.
lieues.
—— à Verneuil, *voyez* Alençon jufqu'à Bre-

*De Paris*,

folles, & depuis audit endroit, 28. lieues.

—— à Vernon, *voyez* Evreux jusqu'à Bonnieres, & depuis audit endroit, 16. lieues.

—— à Versailles, sortant de Paris par Chaillot, Passy & Séve, 4. lieues.

—— à Vienne en Dauphiné, *voyez* Agde, 110. lieues.

—— à Villefranche en Beaujolois, *voyez* Mâcon, & depuis par Belleville audit endroit, 92. lieues.

—— à Villefranche dans la Guyenne, *voyez* Alby, 132. lieues.

—— à Villefranche dans le Roussillon, *voyez* Aleth, & depuis audit endroit, 175. lieues.

—— à Villers-Cotterets, *voyez* Charleville, 16. lieues.

—— à Vire, *voyez* Avranches jusqu'à Flers, & depuis audit endroit, 60. lieues.

—— à Vitré, *voyez* l'Orient jusqu'à Laval, & depuis audit endroit, 64. lieues.

—— à Vitry-le-François, *voyez* S. Diziers, 40. lieues.

—— à Viviers en Vivarais, *voyez* Agde, 135. lieues.

—— à Usez, *voyez* Agde, 154 lieues.

Y.

—— à YPRES, *voyez* Lisle, & depuis par Varneton, 52. lieues.

*Fin du petit Itineraire.*

TABLE

# TABLE

## DES MATIERES

### De la seconde Partie.



II. Partie. **B b**

Fin de la Table de la seconde Partie.

---

## APPROBATION.

J'AI lû par l'Ordre de Monseigneur le Chancelier, *la nouvelle Edition du Mémorial de Paris*, de M. *l'Abbé* ANTONINI; & j'ai cru que la réimpression, avec les nouvelles Additions, seroient utiles & agréables au Public. A Paris, le 31. Juillet 1748.

SIMON.

---

## PRIVILEGE DU ROY.

LOUIS par la grace de Dieu, Roi de France & de Navarre : A nos amés & feaux Conseillers, les Gens tenans nos Cours de Parlement, Maîtres des Re-

quêtes ordinaires de notre Hôtel , Grand-
Conſeil , Prévôt de Paris , Baillifs , Sénéchaux , leurs Lieutenans Civils , & autres
nos Juſticiers qu'il appartiendra : SALUT.
Notre amé le Sieur * * * nous a fait ex-
poſer qu'il deſireroit faire réimprimer &
donner au Public un Livre , qui a pour titre : *Mémorial de Paris , & de ſes Environs , par l'Abbé* ANTONINI ; s'il nous
plaiſoit lui accorder nos Lettres de Privilége pour ce néceſſaires. A ces cauſes ,
voulant favorablement traiter l'Expoſant ,
nous lui avons permis & permettons par
ces Préſentes , de faire réimprimer ledit
Livre en un ou pluſieurs volumes , & autant de fois que bon lui ſemblera , & de le
faire vendre & débiter par tout notre
Royaume pendant le temps de ſix années
conſécutives , à compter du jour de la datte
deſdites Préſentes ; faiſons défenſes à toutes perſonnes de quelque qualité & condition qu'elles ſoient , d'en introduire d'im-
preſſion étrangere dans aucun lieu de notre
obéiſſance ; comme auſſi à tous Libraires
& Imprimeurs , d'imprimer ou faire imprimer , vendre , faire vendre , débiter , ni
contrefaire ledit Ouvrage , ni d'en faire aucun Extrait ſous quelque prétexte que ce
ſoit , d'augmentation , correction , changement ou autres , ſans la permiſſion expreſſe
& par écrit dudit Expoſant , ou de ceux
qui auront droit de lui , à peine de confiſ-
cation des Exemplaires contrefaits , de
3000 liv. d'amende contre chacun des Con-
trevenans , dont un tiers à Nous , un tiers

à l'Hôtel-Dieu de Paris, & l'autre tiers
audit Expofant, ou à celui qui aura droit
de lui, & de tous dépens, dommages &
intéréts ; à la charge que ces Préfentes fe-
ront enregiftrées tout au long fur le Regiftre de la Communauté des Libraires &
Imprimeurs de Paris, dans trois mois de
de la datte d'icelles, que la réimpreffion
dudit Livre fera faite dans notre Royaume
& non ailleurs, en bon papier & beaux
caracteres, conformément à la feuille imprimée, attachée pour modele fous le
Contrefcel des Préfentes, que l'Impétrant
fe conformera en tout aux Reglemens de
la Librairie, & notamment à celui du 10.
Avril 1725. qu'avant de l'expofer en vente,
l'Imprimé qui aura fervi de copie à la réimpreffion dudit Livre fera remis dans le même état où l'Approbation y aura été donnée, ès mains de notre très-cher & féal
Chevalier le Sieur Dagueffeau, Chancelier de France, Commandeur de nos Ordres ; & qu'il en fera enfuite remis deux
Exemplaires dans notre Bibliotheque publique, un dans celle de notre Château du
Louvre, & un dans celle de notre très-cher
& feal Chevalier le Sieur Dagueffeau,
Chancelier de France, le tout à peine de
nullité defdites Préfentes ; du contenu def-
quelles vous mandons & enjoignons de
faire jouir ledit Expofant & fes ayans caufes, pleinement & paifiblement, fans fouf-
frir qu'il leur foit fait aucun trouble ou em-
pêchement ; voulons que la copie des Préfentes, qui fera imprimée tout au long au

commencement ou à la fin dudit Livre, soit tenue pour dûment signifiée ; & qu'aux copies collationnées par l'un de nos amés, féaux Conseilliers & Secretaires, foi soit ajoûtée comme à l'Original ; commandons au premier notre Huissier ou Sergent sur ce requis, de faire pour l'exécution d'icelles tous actes requis & nécessaires, sans demander autre permission, & nonobstant clameur de Haro, Charte-Normande, & Lettres à ce contraires. Car tel est notre plaisir. Donné à Paris le dix-septiéme jour du mois d'Août, l'an de grace mil sept cent quarante-huit ; & de notre Regne, le trente-troisiéme. Par le Roi en son Conseil.

## SAINSON.

J'ai cédé & transporté au Sieur Bauche Fils, Libraire, le présent Privilege, pour en jouir à mon lieu & place comme chose à lui appartenante, suivant les conventions faites entre nous. A Paris, ce 2. Octobre 1748.

## ANTONINI.

*Regiftré ensemble la Ceffion ci-derriere, sur le Regiftre XII. de la Chambre Royale des Libraires & Imprimeurs de Paris, num. 40. fol. 33. conformément aux anciens Reglemens, confirmés par celui du 28. Février 1723. A Paris, le 25. Octobre 1748.*

## CAVELIER, *Syndic.*

# CATALOGUE

*Des Livres de Sortes & d'Assor-*
*timens, qui se trouvent chez le*
*même* LIBRAIRE.

### A.

* A BREGÉ de l'Essai sur l'Entendement humain de M. de Locke,
traduit de l'Anglois, *in-*12.

* —— De l'Hist. de France, par Meze-
rai, 4. *vol. in-*4°. *fig.*

* —— Le même, 13. *vol. in-*12. *fig.*

* —— De l'Hist. de France, par de Brianville, avec les Portraits, *in-*12.

—— Par M. le Président Henaut, 2. *vol.* 8°.

—— Le même, *in-*4°. *fig.*

* —— De l'Hist. de France, par le P. Daniel, 12. *vol.* 12.

* Alcoran de Mahomet, traduit par Du-
Ryer, 2. *vol. in-*12.

Annales de la Monarchie Françoise, par de
Limiers, 3. *vol. in-fol.* fig.

Année Chrétienne de M. le Tourneux, 13.
*vol. in-*12.

—— La même, 6. *vol. in-*12.

Année Chrétienne, par le P. Croiset, avec
la Vie de Jesus-Christ, 18. *vol. in-*12.

—— La même, par le P. Griffet, 18, *vol.*
*in-*12.

*Anti Lucretius*, *Carmen*, *Auctore* Card. de Polignac, 2. *vol.* 8°.

—— Le même Livre, traduit par M. de Bougainville, 2. *vol.* 8°.

* Antiquité expliquée par le P. Montfaucon, avec le Supplément, 15. *vol. in-fol.* fig.

* —— La même, *gr. pap.*

* —— Le Supplément séparément, *gr. &* pet. *pap.*

Arithmetique de Barrême, *in-12.*

* —— La même, avec un Traité du Toisé & de l'Arpentage, par le Gendre, *in 12.*

Arrêts de Louet, revûs par M. de la Combe, 2. *vol. in-fol.*

Art de bien parler François, par de la Touche, 2. *vol. in-12.*

* Art de ne se point ennuyer, par Deslandes, *in-12.*

Attaque & Défense des Places, par Vauban, 2. *vol.* 8°. *fig.*

Avantures de Telemaque, 2. *vol. in-12.* *fig.*

* —— Du Chevalier de Beauchene, 2. *vol. in-12. fig.*

* Avis d'une Mere à son fils & à sa fille, par Madame la Marquise Lambert, *in-12.*

B.

* BALINGHEM, *Loci Communes Scripturæ Sacræ*, in-fol.

* Barrelier, *Historia Plantarum*, in-fol. *cum fig.*

* —— Idem, *Carta Magna.*

Bible ( la Sainte ) avec le sens litteral & spirituel, par M. de Sacy, 32. *vol.* 8°.

—— Le Nouv. Teſtament, 11. *vol.* 8°, *ſeparément.*

—— La même, Françoiſe & Latine, 4. *vol. fol.*

—— La même, toute Françoiſe, *fol.*

—— La même, 2. *vol.* 4°.

—— La même, 10. *vol.* 16.

—— La même, 3. *vol.* 12.

Bibliotheque Ancienne & Moderne, par le Clerc, 29. *vol.* 12.

—— Choiſie, par le même, 28. *vol.* 12.

—— Univerſelle, par le même, 26. *vol.* 12.

* —— Choiſie, où l'on fait connoître les bons Livres, & leur uſage, 2. *vol.* 12.

* —— Critique, par M. de Sainjore, 4. *vol.* 12.

* —— Curieuſe & inſtructive, par le P. Menetrier, 12.

* —— Des Jeunes Négocians, par M. de la Rüe, 4°.

### C.

* CARACTERES d'Epictete, avec l'explication du Tableau de Cebés, 12.

Catechiſme de Montpelier, 3. *vol.* 12.

—— Le même en Latin, 2. *vol. fol.*

Cauſes Célebres & Intéreſſantes, recueillies par Gayot de Pytaval, 20. *vol.* 12.

Cérémonies, Mœurs & Coutumes Religieuſes de tous les Peuples du monde, 9. *vol. fol.* fig.

* Chef-d'Œuvre d'un Inconnu, du Docteur Matanaſius, 2. *vol.* 12.

* Codes, Civil, Criminel, Commerce, Committimus, & Ordonnances de Louis XV. 24.

Code Militaire, par M. Briquet, 5. vol. 12.

Comédies de Terence, Lat. & Franç. avec les Rem. de Madame Dacier, 3. vol. 12.

Comptes faits de Barrême, 12.

* Conférence des Ordonnances, par Bornier, 2. vol. 4º.

Conquête du Mexique, 2. vol. 12. fig.

—— Du Pérou, 2. vol. 12. fig.

Contes des Fées, par Madame Daunoy, 4. vol. 12.

—— Les Fées à la mode, 4. vol. 12.

*Corpus Juris Canonici, Auctore* Gibert, 3. vol. fol.

* Cours de Chimie, suivant les principes de Newton & de Stall, revû par M. de Senac, nouv. Edition augmentée.

—— de Chirurgie, par Col-de-Villars, 6. vol. 12.

—— de Mathématique, par Belidor, 4º.

* Coutume d'Arras, Bapaume, &c. 4º.

* —— D'Auxerre, 4º.

—— De Paris, par Auzanet, fol.

* —— —— Par de Ferriere, 4. vol. fol.

—— —— —— Par Duplessis, 2. vol. fol.

—— —— —— Les vol. se vendent separément.

* —— —— —— Par le Maître, fol.

—— —— de S. Omer, 4º.

Coutumier Général, par de Richebourg, 8. vol. fol.

* —— De Picardie, 2. vol. fol.

* —— de Vermandois, 2. vol. fol.

* Critique de la Bibliotheque des Auteurs Ecclesiastiques de Dupin, par Simon, 4. vol. 8º.

## D.

**D**ESCRIPTION de la France , par **M.**
Piganiol de la Force, 8. *vol.* 12. *fig.*
* —— De la Livonie, 12.
—— De Paris & des Environs, par **M.**
Piganiol de la Force , 8. *vol.* 12. *fig.*
—— De Verfailles , Marly , &c. par le
même , 2. *vol.* 12. *fig.*
—— Des Tableaux du Palais Royal , 12.
* —— De Lifle des Hermaphrodites ,
pour fervir de fuite au Journal d'Hen-
ry III. 8º.
* —— Du Brabant & de la Flandre Hol-
landoife , avec les Plans des Villes , 12.
*figures.*
—— Du Cabinet de M. de Servieres ,
4º. *fig.*
* —— Du Cap de Bonne-Efperance , avec
l'Hiftoire des Hottentots, 3. *vol.* 12. *fig.*
* —— Hiftorique & Géographique de la
Normandie , 2. *vol.* 4º. *fig.*
Délices de la France , 3. *vol.* 12. *fig.*
* Devoirs de l'Homme & du Citoyen ,
trad. de Puffindorf , par Barbeyrac , 2.
*vol.* 12.
* —— Et Fonctions d'un Officier de Ca-
valerie , avec des Réflex. fur l'Art Mili-
taire & fur les Comm. du Chevalier Fo-
lard fur Polybe. 12.
* Dialogues d'Oratius Tubero , par la
Motte-le-Vayer , 2. *vol.* 12.
Dictionnaire Anglois & François, Franç.
& Angl. de Boyer , 2. *vol.* 4º.
—— Le même , 2. *vol.* 8º.

* — Chronologique, Géographique & de Jurisprudence des Maréchauffées de France, par M. de Bauclas, 4. *vol.* 4°. avec Armoiries. *Le premier volume paroît actuellement.*

* — De Bayle, 5. *vol. fol.*

— De Danet, François-Latin, 4°.

— Le même, Latin-François, 4°.

— De Joubert, François-Latin, 4°.

— De l'Académie Françoife, 2. *vol. fol.*

— De la Bible, par le P. Calmet, 4. *vol. fol. fig.*

— De la Fable, par Chompré, 12.

— De la Langue Françoife, par Richelet, 3. *vol. fol.*

* — De Marine, 4°. *fig.*

— De Médecine, 6. *vol. fol.*

— De Mithologie, 3. *vol.* 12.

— De Moreri, 6. *vol. fol.*

— Supplément audit Livre, 2. *vol. fol.*

— Nouveau Supplément, 2. *vol. fol.*

— De Pratique, par de Ferriere, 2. *vol.* 4°.

— Des Arrêts, par Brillon, 6. *vol. fol.*

— Des Arts & Sciences, 2. *vol. fol.*

— Des Cas de Confcience, par Pontas, 3. *vol. fol.*

* — Des Proverbes, 12.

* — Efpagnol & François, Franç. & Efpagnol de Sobrino, 2. *vol.* 4°.

— Géographique, par de la Martiniere, 6. *vol. fol.*

— Géographique & Portatif, par de Vofgien, 8°.

* — Italien, Latin & Fançois, par M.

l'Abbé Antonini , 2. *vol.* 4°.

—— Ital. & Franç. par Veneroni , 4°.

* —— Néologique , par l'Abbé Desfontaines , 12.

* —— Œconomique , par Chomel , 4.
*vol. fol.*

* —— Le Supplément feparément , 2.
*vol. fol.*

* —— Univerfel de Trevoux , 7. *vol. fol.*

* —— Supplément audit Livre , pour les
anciennes Editions , *fous preffe.*

Difcipline de l'Eglife , par le P. Thomaf-
fin , 3. *vol. fol.*

* —— Divertiffemens de Seaux, 2. *vol.* 12.

* —— Les Volumes feparément.

*Diurnale Romanum* , 24. *& 32.*

* —— Droit de la Guerre & de la Paix ;
trad. de Grotius par Barbeyrac , 2.
*vol.* 4°.

* —— —— Nature & des Gens , par les
mêmes , 3. *vol.* 4°.

* —— Public de l'Empire d'Allemagne, 4°.

E.

* ELÉMENS de Géometrie pour M<sup>gr</sup>
de Bourgogne, par M. de Male-
zieux , 4°. *fig.*

* —— Les mêmes , 8°. *fig.*

—— —— Par le P. Lamy , 12.

—— —— Par M. Rivard , 4°.

—— De l'Hiftoire, par M. de Vallemont,
4. *vol.* 12.

—— De Mathématiques , par le Pere
Lamy , 12.

* —— —— Par le P. Preftet, 2. *vol.* 4°.

* Elite des Bons Mots en Ana , 2. *vol.* 12.

A iiij

Eloge de la Folie , trad. d'Erafme , par Gueudeville, 8°. & 12. *fig.*

* Entretiens de Phyfique , par le P. Regnault, 4. *vol.* 12. *fig.*

* Épîtres & Evangiles , avec Réflexions , *in* 12.

Efpion dans les Cours des Princes Chrétiens , 6. *vol.* 12.

* Efprit des Loix , par **M.** de Montef-quieux , 2. *vol.* 4°.

* ――― Les mêmes , 4. *vol.* 12.

* Effais de Michel S.<sup>r</sup> de Montaigne, avec les Notes de M. Cofte, 3. *vol.* 4°.

* Les mêmes, 7. *vol.* 12.

――― De Morale, de Nicole, 23. *vol.* 12.

* ――― De Phyfique , de Muffenbrock , 2. *vol.* 4°. *fig.*

* ――― Hebdomadaires fur plufieurs Sujets intéreffans , par M. Dupuy , 12.

* ――― Sur l'Entendement humain , par Locke , 4°.

* ――― Les mêmes , 4. *vol.* 12.

* ――― Sur l'Intérêt des Nations en général , & fur l'Homme en particulier , 12.

* Etat de la France , 6. *vol.* 12.

* ――― Préfent d'Efpagne , & l'Origine des Grands , 12.

Expériences de Phyfique , par Poliniere , 2. *vol.* 12.

* Extrait des Actes de Rymer , par Rapin Thoyras , 4°.

## F.

* **F**ABLES choifies par M. de la Fontaine, 2. *vol.* 12. *fig.*

* ――― Les mêmes , 12. *fans fig.*

* —— Les mêmes , 2. *vol. petit in* 12.
* —— Nouvelles mifes en Vers , par M. Richer , 12.

### G.

* **G**EOGRAPHIE dédiée à M<sup>lle</sup> de Crozat , 12.
* —— Des Enfans , par M. l'Abbé Lenglet , 12.
* —— Complette, par le même, 8. *vol.* 12, *figures.*
* Géométrie-Pratique , par Daudet , 3. *vol.* 12. *fig.*
* *Gierufalemme Liberata , di Taffo ,* 2. *vol.* 12.

Gloffarium ad Scriptores Mediæ & Infimæ Latinitatis , Aut. du Cange , 6. *vol. fol.*
Grammaire Angloife & Françoife , de Boyer , 12.
—— Efpagnole & Franç. de Sobrino, 12.
—— Françoife , de Reftaut , 12.
—— Italienne & Franç. de Veneroni, 12.
* Guide des Chemins du Royaume de France , avec toutes les différentes Routes , 12.

### H.

* **H**ARMONIE des deux Spheres , 12.
* Henriade ( la ) de Voltaire , 4°. & 12.
* Hexameron Ruftique de la Motte-le-Vayer , 12.
Hiftoire Ancienne de M. Rollin, 6. *vol.* 4°.
—— —— La même , 14. *vol.* 12.
* —— Critique de la Mon. Franç. dans les Gaules , par l'Abbé Dubos , 2. *vol.* 4°.
* —— —— La même , 4. *vol.* 12.
* —— —— De la Philofophie , par M. Deflandes , 3. *vol.* 12.

A v

* —— D'Angleterre, de Rapin-Thoyras, continuée jusqu'à présent, 16. *vol.* 4°.

* —— De Charles XII. Roi de Suéde, par M. de Voltaire, 12.

* —— La même, par Gustave-Alderfeldt, 3. *vol.* 12. *fig.*

* —— De Dom Quichotte, trad. de Cervantes, 6. *vol.* 12. *fig.*

* —— La même, trad. de Benengely, 6. *vol.* 12. *fig.*

* —— La même, trad. d'Avellaneda, 2. *vol.* 12. *fig.*

* —— De France, par le P. Daniel, nouv. Edition, augmentée des Vies de Louis XIII. & de Louis XIV. 4°. *sous presse.*

* —— Abregé de la même, 12. *vol.* 12.

* —— De Gilblas de Santillane, par M. le Sage, 4. *vol.* 12. *fig.*

* —— De Herodote, trad. par l'Abbé Bellanger, avec des Notes, *sous presse.*

—— De la Bible, par M. de Royaumon, 4°. *fig.*

—— La même, *sans fig.* 12.

* —— De la Danse Sacrée & Profane, par M. Bonnet, 12.

* —— De la Mere & du Fils, c'est-à-dire, de Marie de Médicis, 2. *vol.* 12.

* —— De la Musique, par M. Bonnet, 12.

* —— De la Navigation, trad. de l'Anglois, 2. *vol.* 12.

* —— De la Nouvelle-France, ou du Canada, par le P. Charlevoix, 3. *vol.* 4°. *fig.*

* —— La même, 6. *vol.* 12. *fig.*

* Histoire de l'Eglise en Abregé, par M. Dupin, 4. *vol.* 12.

* —— Profane, par le même, 6. *vol.* 12.

—— De l'Eglife Gallicane, par le P. Longueval , 20. *vol.* 4°.

* —— De l'Expédition de l'Amiral Bynch , *in-*12.

* —— De M. de Thou , 16. *vol.* 4°.

* —— La même , *gr. pap.*

* —— De Polybe , du Chev. Folard , 6. *vol.* 4°. *fig.*

* —— Des Avanturiers Filibuftiers, 4. *vol.* 12. *fig.*

* —— Des Chevaliers de Malthe , par l'Abbé de Vertot, 7. *vol.* 12.

* —— Des deux Rofes d'Angleterre , 12.

* —— Des deux Triumvirats , 4. *vol.* 12.

* —— Des Drogues , par Pomet , 2. *vol.* 4°. *fig.*

—— Des Grands Chemins de l'Empire Romain, par Bergier, 2. *vol.* 4°.

* —— Des Guerres d'Italie , par Guicchardin , 3. *vol.* 4°.

* —— La même , *gr. pap.*

—— Des Juifs , par Arnauld d'Andilly , 6. *vol.* 12.

—— La même , par Prideaux, 6. *vol.* 12.

—— Des Ordres Monaftiques , par le P. Helyot , 8. *vol.* 4°. *fig.*

* —— Des Plantes Ufuelles , par Chomel, 3. *vol.* 12.

—— Des Provinces-Unies , par le Clerc, 3. *vol* *fol.* *fig.*

* —— Des Révolutions d'Angleterre , par le P. d'Orleans , 4°.

* —— —— Les mêmes , 4. *vol.* 12. *fig.*

* —— —— Les mêmes , par Burnet, avec la fuite, 7. *vol* 12. *fig.*

* —— —— *La suite séparément.*

—— Des Variations des Eglises Protestantes, avec les Avertissemens, 4. *vol. in-12.*

—— De Louis XI. par M. du Clos, 3. *vol.* 12.

—— De Louis XIV. par Larrey, 9. *vol.* 12.

* —— La même, par Pelisson, 3. *vol.* 12.

—— Des Empereurs, par Tillemont, 6. *vol* 4°.

* Histoire du Cardinal Martinusius, 12.

—— —— Ximenès, 2. *vol.* 12.

* —— Du Concile de Bâle, par Lenfant, 2. *vol.* 4°. *fig.*

—— —— De Constance, par le même, 2. *vol.* 4°. *fig.*

* —— —— De Pise, par le même, 2. *vol.* 4°. *fig.*

—— De Dannemarc, par Desroches, 9. *vol.* 12.

* —— Du Japon, par le P. Charlevoix, 2. *vol.* 4°.

* —— La même, 9. *vol.* 12.

—— Du Monde, par Chevreau, 8. *vol. in* 12.

* —— Du Paraguay, par le P. Charlevoix, *sous presse.*

—— Du Peuple de Dieu, par le P. Berruyer, 8. *vol.* 4°.

* —— La même, 10. *vol.* 12.

—— Du Portugal, par de la Clede, 2. *vol.* 4°.

—— La même, 8. *vol.* 12.

* —— Du Prince Eugene, 5. *vol.* 12. *fig*

—— Ecclefiastique de Fleuri, 36. *vol.* 4⁰.

—— La même, 36. *vol.* 12.

* —— Et Conquêtes des Portugais, par le P. Laffiteau, 2. *vol.* 4. *fig.*

* —— La même, 4. *vol.* 12. *fig.*

—— Générale d'Allemagne, par le P. Barre, 11. *vol.* 4.

—— Romaine, par les P. P. Catrou & Rouillé, 21. *vol.* 4. *fig.*

—— La même, 10. *vol.* 12. *fig.*

—— Par M. l'Abbé Desfontaines, trad. de L. Echard, 16. *vol.* 12.

—— Par M. Rollin, 16. *vol.* 12.

* —— Sacrée, par M. de Brianville, avec les Fig. de le Clerc, 3. *vol.* 12. *fous preffe.*

* —— Secrette des Femmes Galantes de l'Antiquité, 6. *vol.* 12.

* —— *Les Tomes* 4. 5. *&* 6. *fe vendent feparément.*

—— Univerfelle, d'une Societé de Gens de Lettres, 10. *vol.* 4.

—— Univerfelle, de M. Boffuet, 2. *vol.* 12.

## I.

* **I**DÉE du Gouvernement de l'Egypte, par M. l'Abbé le Mafcrier, 12.

Iliade & Odyffée d'Homere, trad. par M. Dacier, 8. *vol.* 12.

* *Imitatio Chrifti*, Leonard, 32.

Inftitution au Droit Eccléfiaftique, par M. Fleury, 2. *vol.* 12.

—— Au Droit François, par Argou, 2. *vol.* 12.

—— De Juftinien, par Ferriere, Lat. & Franç. 7. *vol.* 12.

Inſtructions pour les Jardins Fruitiers &
Potagers, par de la Quintinie, 2. vol.
4°. *fig.*
* Interêt préſent des Puiſſances de l'Europe, par Rouſſet, 3. *vol.* 4.
* —— Les mêmes, 17. *vol.* 12.
* —— *Le Supplément* 4°. *& 1 2. ſeparément.*
Introduction à la Pratique, par de Ferriere, 2. *vol.* 12.
* —— A l'Hiſtoire de l'Univers, par le
Baron de Puffindorf, 11. *vol.* 12.
Journal d'Henry III. 5. *vol* 8°.
—— D'Henry IV. 4. *vol.* 8°.
* Journal des Audiences, 6. *vol. fol.*
—— *Le ſixiéme Volume ſeparément.*
—— Du Palais, 2. *vol. fol.*

## L.

Lettres de Bentivoglio, Ital. &
Franç. 12.
—— De Bourſaut, 3. *vol.* 12.
—— De Buſſy, 7. *vol.* 12.
* —— De Madame Deſnoyers, 6. *vol.* 12.
—— De Madame de Sevigné, 6. *vol.* 12.
* —— De M. Godeau, Evêque de Vence, 12.
—— De Peliſſon, 3. *vol.* 12.
—— De Pline, 3. *vol.* 12.
* —— De Voiture, 2. *vol.* 12.
* —— Du Baron de Buſbec, Ambaſſadeur
à la Porte & à la Cour de France, avec
des Notes Hiſtoriques & Politiques,
3. *vol.* 12.
—— Du Cardinal d'Oſſat, 5. *vol.* 12.
* —— Et Mémoires du Baron de Pollnits,
5. *vol.* 12.

* —— Nouvelles de Patin, 2. *vol.* 12.

* —— Perſannes , avec les Lettres Tur-
ques , 12.

* Loix Civiles de Domat, avec le *Legum*
*Delectus* , 2. *vol.* *fol.*

—— Le N. *ſupplément ſeparément.*

## M.

* **M**<sup>r</sup>ABILLONII *Præfationes Actis SS.*
*Benedict.* , 4°.

Maiſon Ruſtique , par Liger , 2. *vol.* 4°.
*figures.*

Médailles ſur les principaux évenemens
du Regne de Louis XIV. *fol.*

Mémoires d'Amelot la Houſſaye , 3. *vol.*
*in-*12.

—— D'Artillerie , par M. de S. Remy ,
3. *vol.* 4°. *fig.*

—— De Baſſompierre , 4. *vol. petits*
*in-*12.

—— De Caſtelneau , 3. *vol. ſol.*

—— De Comines , 4. *vol.* 4°.

—— De Condé , 5. *vol.* 4°.

—— De Feuquieres , 4. *vol.* 12. *fig.*

* —— De Gourville , 2. *vol.* 12.

* —— De Joly , 2. *vol.* 12.

* —— De la Minorité de Louis XIV.
contenant les Mémoires de la Rochefoucault , &c. 2. *vol. petits in-*12.

* —— De Mademoiſelle de Montpenſier,
8. *vol.* 12.

* —— De Maffci , 2. *vol.* 12.

* —— De M. de la Fare , pour ſervir à
l'Hiſtoire de Louis XIV. 12.

* —— De M. l'Abbé de Choiſy, pour ſervir à la même Hiſtoire , 12.

* —— De Montrefor, 2. *vol. petits in-12.*
* —— De Nemours, 12.
* —— De Pierre le Grand, 5. *vol.* 12.
* —— De Sully, 12. *vol. petits in-12.*
* —— Les mêmes, nouvelle Edition, 3.
*vol.* 4°.
* —— Les mêmes, 8. *vol.* 12.
* —— De Villeroy, 7. *vol. petits* 12.
* —— Du Cardinal de Rets, 4. *vol.* 12.
—— Du Clergé de France, par le Maire,
12. *vol. fol.*
* —— Du Maréchal de Berwick, 2. *vol.*
*in-12.*
* —— —— De Villars, 3. *vol* 12.
* —— Pour fervir à l'Hiftoire de l'Europe,
depuis 1740. jufqu'à préfent, 4. *vol.* 12.
* Memorial de Paris & de fes Environs,
nouv. Edition confiderablement aug-
mentée, 2. *vol.* 12. *avec Cartes.*
—— Des Eaux & Forêts, Pêches &
Chaffes, 4°.
Métamorphofes d'Ovide, par du Ryer, 4.
*vol.* 12. *fig.*
—— Les mêmes, par l'Abbé Bafnier, 2.
*vol. fol. fig. de Picart.*
—— Les mêmes, 2. *vol.* 4°. *fig.*
—— Les mêmes, 3. *vol.* 12. *fig.*
Méthode du Blafon, par le P. Menetrier,
*in-12.*
Mil & un Jour, 5. *vol.* 12.
Mille & une Nuit, 6. *vol.* 12.
Mil & un quart d'Heure, 3. *vol.* 12.
* Miniftre (le) Public dans les Cours
Etrangeres 12.
* Monde (le) Enchanté de Balthazar

Becker, avec le Traité des faux Dieux, 5. *vol.* 12.

Mythologie expliquée, par l'Abbé Banier, 3. *vol.* 4°.

—— La même, 8. *vol.* 12.

## O.

ŒUVRES de Bacquet, par de Ferrie-re, 2. *vol. fol.*

—— De Boileau, 2. *vol. fol. fig.*

—— Les mêmes, 2. *vol.* 4°.

—— Les mêmes, 5. *vol.* 8°.

—— Les mêmes, 2. *vol.* 12.

* —— De Brantome, 15. *vol.* 12.

—— De Chaulieu, 2. *vol. petits in-*12.

—— De Crebillon. 3. *vol.* 12.

—— De Fontenelle, 6. *vol.* 12.

—— De Henrys, avec les Notes de Bretonnier, 4. *vol. fol.*

—— De Horace, par M. Dacier, 10. *vol.* 12.

* —— De Loiseau, *fol. sous presse.*

* —— De Madame la Marquise Lambert, 2. *vol.* 12.

—— De Marot, 4. *vol.* 4°.

—— Les mêmes, 6. *vol.* 12.

—— De Moliere, 6. *vol.* 4°. *fig.*

* —— Les mêmes, 8. *vol. petits in* 12. *fig.*

* —— De Pasquier, 2. *vol. fol.*

* —— De P. & Th. Corneille, XI. *vol. in-*12.

* —— De Racine, 2. *vol.* 12.

—— De Rabelais, 3. *vol.* 4°. *fig.*

—— Les mêmes, 6. *vol.* 12.

—— De Racan, 2. *vol.* 12.

—— De Renusson, 4. *vol.* 4°.

—— De Rousseau, 3. *vol.* 4°.
—— Les mêmes, 4. *vol.* 12.
—— Les mêmes, 5. *vol.* 12.
* —— De Saint-Evremont, 10. *vol.* 12.
—— De Saint-Real, 3. *vol.* 4°.
—— Les mêmes, 6. *vol.* 12.
—— De Ville-Dieu, 12. *vol.* 12.
* —— Diverses, de Bayle, 4. *vol. fol.*
* —— *Le quatriéme Volume seprrément.*
* —— Du P. Brumoy, 4. *vol.* 12.
* —— Et Poésies de Regnier, 4.
* —— Les mêmes, 2. *vol. petits in-12.*
* *Orlando furioso di Ariosto*, 4. *vol. petits in-12.*

## P.

* PARAPHRASES sur les Actes des Apôtres, 2. *vol.* 12.
Parfait Maréchal de Solleysel, 4°.
—— Le même, par M. Garsault, 4°. *fig.*
—— Notaire, par de Ferriere, 2. *vol.* 4°.
Pensées de Pascal, 12.
—— Du P. Bourdaloüe, 8°. & 12.
* —— Sur la Comete, par Bayle, 4. *vol.* 12
* *Philosophus in utramque Partem*, Aut. Duhan, 12.
* Physique Occulte, ou Traité de la Baguette Divinatoire, par Vallemont, 2. *vol.* 12. *fig.*
* Poésies de Madame de la Suze, 5. *vol.* 12.
—— De Madame Deshoulieres, 2. *vol. in-12.*
* Praticien-François, par Lange, 2. *vol.* 4°.
* —— Universel, de Couchot, revû par M. de la Combe, 2. *vol.* 4°.

* —— Le même, 6. *vol.* 12.
Principes de l'Histoire , par **M.** l'Abbé
   Lenglet , 6. *vol.* 12.

### R.

* **R** Accolta *di Rime Italiane* , 2.
   *vol.* 12.
* *Ragionamenti ſu la Pluralita dé Mondi ,*
   *in-*12.
Récréations Mathématiques, par Ozanam,
   4. *vol.* 8o. *fig.*
* Recueil de Chanſons notées , 7. *vol.* 12.
* —— De Phyſique, par M. Deſlandes, 12.
* —— Touchant l'Affaire des Princes Lé-
   gitimés , 4. *vol.* 12.
Réflexions Militaires de *Sancta Crux* , 11.
   *vol.* 12.
* —— Morales de M. de la Rochefou-
   caut , avec les Notes de M. Amelot de
   la Houſſaye , 12.
* —— Les mêmes , avec les Notes de M.
   l'Abbé de la Roche , 12.
   —— Sur les Hommes morts en plaiſan-
   tant , 12.
* Remarques ſur la Langue Françoiſe ,
   par Vaugelas , avec les Notes de Th.
   Corneille , 3. *vol.* 12.
République des Lettres, 40. *vol.* 12.
* —— *Les années* 1716. 1717. *&* 1718. *ſé-*
   *parément.*
* Retraite de Madame la Marquiſe de Go-
   zanne , 2. *vol.* 12.
Roland l'Amoureux , 2. *vol.* 12.
   —— Le Furieux , 4. *vol* 12.

### S.

**S** Atyre Menippée , 3. *vol.* 8.
Science de la Cour des Gens de Robbe &c.

d'Epée, par de Chevigny, 6. vol. 12.
fig.
* —— Du Monde, par de Callieres, 12.
Secrets de Médecine, par Lemery, 4.
vol. 12.
—— Du Grand & Petit Albert, 2. vol. 12.
Semaines Saintes 8°, 12. & 18.
Sermons de Bourdaloüe, 15. vol. 12.
—— De Massillon, 14. vol. 12.
—— Les mêmes 12. vol. petits in-12.
* —— De Saurin, in-12
* —— De Tillotson, 7. vol. 12.
—— Du P. de la Rüe, 4. vol 12.
* Solitaire-Anglois, 12.
* Spectateur, ou le Socrate Moderne, 6.
vol. 12.
Stile Civil & Criminel, par Gauret, 2.
vol. 4°.
—— Le même, 2. vol. 12.

## T.

* Tablettes Géographiques, 12.
Temple des Muses, fol. fig.
* Théatre Anglois, 8. vol. 12.
* —— Les Volumes séparément.
* —— Hist. du Théatre Anglois, 2. vol.
12. sous presse.
Théatre de Boursaut, 3. vol. 12.
—— De Campistron, 2. vol. 12.
—— De Dancourt, 8. vol. 12.
—— De Destouches, 5. vol. 12.
—— De la Foire, ou de l'Opera Comique, 10. vol. 12.
—— De le Grand, 4. vol. 12.
—— De Regnard, 4. vol. 12.

——— François, 12. *vol.* 12.

* ——— Des Grecs, par le P. Brumoy, 6. *vol.* 12.

——— Hiſtoire du Théatre François, 16. *vol.* 12.

Théatre Italien de Gherardi, 6. *vol.* 12.

——— Italien Nouveau, 9. *vol.* 12.

* *Theſaurus Anecdotorum*, *Aut.* Martenne, 5. *vol. fol.*

* Traité de l'Abus, par Fevret, 2. *vol. fol.*

——— De la Communauté, par le Brun, *fol.*

* ——— De Perſpective, par Cortonne, *fol. fig.*

* ——— Des Succeſſions, par le Brun, *fol.*

* ——— Philoſophique, de la Foibleſſe de l'Eſprit humain, par M. Huet, 12.

## V.

VIE de Cromwel, 2. *vol.* 12.

——— D'Elizabeth, 2. *vol.* 12.

* ——— De Guzman d'Alpharache, 2. *vol.* 12. *fig.*

* ——— De Mahomet, par Gagnier, 3. *vol.* 12.

* ——— Des Hommes Illuſtres de Plutarque, par Dacier, 9. *vol.* 4º.

* ——— *Le neuviéme Volume ſeparément.*

* ——— Les mêmes, 10. *vol.* 12.

* ——— Des Peintres, par Felibien, 6. *vol.* 12.

* ——— Des Saints, par Baillet 10. *vol.* 4º.

——— Les mêmes, par Giry, 2. *vol. fol.*

* Voyage à la Baye de Hudſon, 2. *vol.* 12. *fig.*

——— An Levant, par Tournefort, 2. vol. 4°. fig.

* ——— au Tour du Monde, par Gemelli Careri, 6. vol. 12. fig.

* ——— ——— Par de Rouviere, 12.

* ——— Aux Isles de l'Amérique, par le P. Labat, 8. vol. 12. fig.

* ——— De Bachaumont & Chapelle, 12.

——— De Bernier au grand Mogol, 2. vol. 12. fig.

——— De Chardin, 4. vol. 4°. fig.

——— Les mêmes, 10. vol. 12. fig.

* ——— De Corneille le Brun, 5. vol. 4°. fig.

——— De la Compagnie des Indes, 12. vol. 12.

——— De Pietro della Vallée, 8. vol. 12.

* ——— De Siam, par l'Abbé de Choisy, 12.

——— De Thevenot, 5. vol. 12. fig.

——— De Thomas Gage, 2. vol. 12. fig.

——— D'Italie, par Misson, 4. vol. 12. fig.

* ——— D'Ovington, 2. vol. 12.

* ——— Du Chevalier des Marchais en Cayenne & Guinée, 4. vol. 12. fig.

* D'un Missionnaire en Turquie, Perse & Arménie, 12.

——— Litteraire de deux Bénédictins, 2. vol. 4°.

Usage des Fiefs, par Salvaing, fol.

Utopie de Thomas Morus, ou Idée d'une République heureuse, 12.

*Et un Assortiment général sur toutes sortes de matieres, tant de France, que des Pays Etrangers.*

FIN.